DAME TU MANO

MARÍA RASTROJO GÓMEZ

Agradecimientos:

A mis hijos Blanca y Marcos, parte de este libro es por ellos y gracias a ese amor tan especial que llega a lo más profundo.

A mis padres, porque gracias a ellos soy gran parte de lo que soy, porque siempre están ahí y porque ponen todos los recursos que tienen en ayudarme.

A mi pareja y compañero de viajes, Rubén, por estar siempre presente con su sonrisa y su cariño.

A todas las personas que me han formado, y por supuesto, a todos mis pacientes, porque de ellos aprendo cada día.

A mi amiga Ana Fernández, terapeuta ocupacional y artista autodidacta, porque sin ella y sus manos, este proyecto no hubiera sido lo mismo.

ÍNDICE

SOBRE MÍ..11

I. TODO EMPIEZA EN LA BARRIGUITA DE MAMÁ...........................15

II. ME TOCA LLEGAR AL MUNDO: EL NACIMIENTO.......................31

III. TOCA QUE NOS VAYAMOS CONOCIENDO Y QUE MAMÁ SE RECUPERE:

EL POSTPARTO..41

IV. EMPEZANDO A CUBRIR NECESIDADES BÁSICAS....................59

V. EL MARAVILLOSO VÍNCULO DE APEGO.....................................79

VI. LOS DIFERENTES SISTEMAS DE ACCIÓN DEL SER HUMANO...................133

VII. Y LLEGÓ...LA TEMIDA ADOLESCENCIA: DE LA DEPENDENCIA A LA IN-

TERDEPENDENCIA..141

¡A TRABAJAR EN FAMILIA!...163

SOBRE MÍ

Este libro surge de la mezcla de dos mis pasiones; la salud mental y la escritura.

Durante mi infancia y los primeros años de mi adolescencia se me pasaban por la cabeza muchas ideas sobre que quería ser cuando "fuese mayor". Aunque fue a mis 16 años, cursando el último curso de la Educación Secundaria Obligatoria, cuando lo tuve claro, muy claro. Comencé a preguntarme por qué algunos de mis compañeros se comportaban de cierta forma, por qué algunos chicos acosaban a otros, por qué sentía que nadie podía comprenderme o intentaba hacerlo, por qué algunos adultos parecían "dormirse" ante ciertos problemas de los niños, y de nosotros, los adolescentes. Preguntas ante las que me generaba mis propias hipótesis.

Esto, unido a que siempre me encanto ayudar a los demás y a que me apasionaba el funcionamiento humano, me llevó a plantearme hacer psicología.

Por otro lado, escribir siempre me ha ayudado a relajarme, era y sigue siendo una de mis vías dc cscape. Durante mi niñez y mi adolescencia me encantaba escribir cuentos, historias, y letras de canciones.

Mientras realizaba la carrera había aspectos que no me llegaban a encajar, yo sentía que esas preguntas que me realizaba no se llegaban a contestar o que la respuesta no me convencía del todo.

La formación que recibí estaba muy centrada en el modelo cognitivo-conductual, modelo con evidencia científica y válido, sí, pero muy centrado en el presente y en modificar la conducta. Algo que me encajaba, pero no del todo. Era un modelo que no me llegaba, que no acababa de entusiasmarme por sí sólo, quizás sí, integrado con otros.

De algún modo, los modelos de trabajo y las "gafas" con las que vemos a los pacientes tienen mucho que ver con nuestra personalidad y con nuestro mundo interno.

De pronto, llegó una asignatura llamada psicoanálisis, y un profesor que sí nos hablaba de algo más allá de la conducta y del aquí y ahora. Nos hablaba de las historias de las personas que presentaban determinados síntomas, de su temperamento (factor genético) y de su entorno, nos motivaba a buscar el por qué, a ir más allá de los síntomas.

Acabé los estudios y me sentía perdida, sin saber por dónde ir, hasta que, siendo muy joven e inexperta, entré a un despacho a trabajar con una gran persona y profesional. Me apasionó su formación y su perspectiva a la hora de tratar a los pacientes. Esto, unido a esos primeros casos que comencé a tratar en aquel lugar, los cuales "me dejaban perpleja" y a veces desconcertada por la gran complejidad de síntomas y de historias de vida, me llevaron a formarme de forma reglada y autodidacta teniendo un punto al que quería llegar y en el que a día de hoy estoy.

Continúe adentrándome en el mundo de la psicoterapia psicoanalítica, descubrí el maravilloso abordaje EMDR, abordaje que irremediablemente te lleva a formarte en apego y en las diferentes formas en las que nuestro sistema nervioso puede defenderse ante las amenazas. A estas formaciones uní la formación en neuropsicología y en trastornos del neurodesarrollo, algo de lo que a día de hoy no podría prescindir a la hora de trabajar.

A medida que iba recibiendo pacientes descubrí que las horas con niños y adolescentes eran apasionantes y muy gratificantes, por lo que decidí especializarme más en este ámbito. Además, otro de los descubrimientos más importantes para mí, fue darme cuenta que cuanto más entendía sobre el desarrollo y el comportamiento de niños y adolescentes, más entendía los síntomas que traían los adultos, y no sólo eso, sino que más efectivo comenzó a ser el tratamiento con ellos, algo que comprenderéis mejor a medida que leías el libro.

Cabe señalar que además de todo lo expuesto, vivir la pérdida de mi hija Blanca, lo cual ha dejado irremediablemente una "gran cicatriz" en mi corazón, (hablo de cicatriz porque la herida cerró) el cómo me sentí, y el análisis que hice de mí misma, así como del comportamiento del entorno (familia, amigos, personal sanitario, vecinos, etc.) a todos los niveles, también ha sido un gran aprendizaje y de lo que he extraído material que de alguna manera he intentado plasmar.

Por todo ello, he centrado este breve y pequeño libro en ayudar a los padres a entender desde otro prisma el comportamiento de sus hijos, y el de ellos mismos con respecto a éstos.

Para ello, hago un recorrido, que va desde la gestación, pasando por el momento del parto, el puerperio, el vínculo de apego, las necesidades básicas que vamos teniendo a la largo de nuestra vida y la relación que éstas tienen con el neurodesarrollo, los sistemas de acción y la adolescencia.

Los ejemplos que se exponen son una recopilación de los casos con los que más me encuentro en la práctica clínica.

Se compone de una parte teórica y de una pequeña parte práctica. En la parte práctica se presentan algunas actividades para trabajar de manera lúdica y sencilla con el mundo de las emociones y con ciertas dificultades con las que en ocasiones pueden encontrarse las familias.

CAPÍTULO 1

Todo empieza en la barriguita de mamá

"El niño no sólo hereda los genes de su madre, sino también, su historia"
- Cristina Cortés -

Cuando los padres acuden a mi consulta con sus hijos, muchos de ellos se sorprenden cuando les pregunto por como fue la gestación de la mamá y por todo lo que paso en ese período, ya sea a nivel físico como emocional. Es más, en la medida de lo posible (pues no siempre es posible) indago sobre qué pasó con esa mamá y con ese papá antes de que se engendrara ese niño, y no sólo en que pasó meses antes, sino en que pasó años antes, cuál ha sido su historia. ¿Vivió experiencias traumáticas? ¿Cómo fue su infancia? ¿Cómo se vincula con los demás? ¿Cómo ha gestionado sus emociones a lo largo de su vida? ¿Cómo se ha defendido ante las amenazas?

Gracias a estudios en epigenética se ha demostrado que las malas experiencias a una edad temprana tienen consecuencias psicológicas y físicas duraderas para las personas que las sufren y esto a menudo, afecta a la vida de sus hijos. Los padres no transmiten información a su descendencia a través de la secuencia de ADN, sino a través de factores biológicos que regulan el ADN de los espermatozoides y los óvulos.

*Nota: La epigenética hace referencia a las modificaciones que no cambian la secuencia de ADN pero que si influyen en la expresión de los genes. Dicho de otro modo, se refiere a como factores ambientales pueden actuar "activando" o "desactivando" la expresión de diferentes genes.

Numerosos estudios realizados con gemelos monocigóticos (los cuales comparten el 100% del ADN) se ha podido comprobar de una forma explícita y objetiva el poder de la epigenética, demostrando como entre hermanos gemelos, cada uno de ellos ha podido expresar enfermedades distintas como el cáncer o la depresión aun presentando los dos las mismas mutaciones en genes que predisponen a una mayor susceptibilidad a presentar dichas enfermedades.

Isabelle Mansuy, profesora de neuroepigenética del Instituto de Investigación del Cerebro de la Universidad de Zúrich y del Instituto de Neurociencia de la ETH de Zúrich ha demostrado con sus investigaciones que el trauma en la infancia afecta la composición de la sangre de por vida, y estos cambios también se transmiten a la descendencia.

> Lo esperanzador es que, si estas experiencias son tratadas, puede prevenirse dicha trascendencia, ya que, las experiencias adversas trabajadas no sólo restablecen el equilibrio mental, sino también el equilibrio físico.

Respecto a esto mencionaré dos de las conclusiones que se extrajeron en el año 2019 en las Jornadas sobre Prevención del Abuso Sexual Infantil:

1. "El embarazo, el parto, el puerperio y la lactancia son hechos centrales de la sexualidad de la mujer. Las mujeres víctimas de abuso sexual infantil pueden tener preocupaciones y necesidades especiales, que es importante respetar sin juzgar. No sabemos qué experiencias puede haber detrás de demandas, miedos o dificultades emocionales que pueden parecer desproporcionadas o incomprensibles".

2. "Un trauma por abuso sexual puede reactivarse durante las exploraciones obstétricas o el parto, independientemente del modo en el que se produzcan. Esto implica que, si en todos los casos es importante respetar las elecciones de cada mujer, garantizar su derecho a la intimidad y no realizar intervenciones innecesarias, en el caso de mujeres con antecedentes de abuso sexual infantil es aún más importante".

Estas conclusiones ponen de manifiesto que, aunque los cambios en el estado físico y psicológico de la mujer durante la gestación sigan un curso más o menos establecido, el cómo transcurren dichas etapas vendrá en parte determinado por el estado previo de la mujer, estado que dependerá irremediablemente de su historia.

Por otro lado, en cuanto a la relación que existe entre las vivencias de los progenitores, especialmente de la madre, y el desarrollo del bebé, refiero literalmente información extraída del blog de la **Asociación PETALES España** (Asociación de Ayuda Mutua ante las experiencias de Adversidad Temprana y Apego):

"La investigación nos ha demostrado con sólida evidencia neurocientífica que los bebés pueden sufrir un trauma en su mente y cuerpo en desarrollo cuando están en el útero; por ejemplo, si su madre biológica:

• Estuvo en una relación violenta con una pareja, amigo o familiar.

• Toma alcohol y sustancias toxicas.

• Ella misma tiene un historial de trauma.

• Sufrió serios problemas de salud mental o estrés tóxico.

También nos ha demostrado que un historial de trauma severo en los padres puede incluso cambiar la composición genética del bebé antes de nacer (cambios epigenéticos). El trauma durante el embarazo significa que el bebé nacerá programado para ser extremadamente sensible al estrés de la vida"

Recoger esta información la mayor parte de las veces no es tarea fácil....ya que muchos, piensan que "han venido a terapia a solucionar el problema que tiene su hijo".

Por este motivo, durante el proceso de valoración recojo la información explícita (mediante preguntas cerradas y abiertas en formato entrevista o mediante cuestionarios) y, por otro lado, la implícita.

Posiblemente el lector se estará preguntando qué es eso de recoger la información implícita, pues bien, la información implícita es aquella que voy recogiendo a lo largo de las interacciones con los padres, información que puede empezar a recogerse desde la primera llamada telefónica que se realiza para solicitar consulta. Esta primera llamada como primera toma de contacto da mucha información. Durante las sesiones observo como hablan con su hijo (en la consulta), como me exponen lo que le ocurre, el tono en el que lo hacen, la forma, si ellos se incluyen o se excluyen del problema, los valores que tienen como familia, la paciencia o la impaciencia en el proceso, la implicación o la no implicación, su capacidad de mentalización (concepto del que hablaremos en el capítulo 5), la reacción que tienen al exponerles algo que detecto (esta reacción y la forma de recibirlo aporta una información crucial). **En general, todo lo implícito ayuda a intuir la manera de vincular y los recursos psicológicos con lo que cuentan los adultos a cargo de ese niño.**

Durante el primer trimestre se dará un aumento de la sensibilidad emocional y una identificación como madre, lo que Stone llamo, **identificación materna primaria.** A su vez, la mujer empezará a desarrollar una capacidad que le permitirá adaptarse sensiblemente a las necesidades del bebé para poder satisfacerlas adecuadamente. Winnicot denominó a este fenómeno **preocupación materna primaria** y aumenta durante las últimas semanas de embarazo y después del parto. Es un estado de sensibilidad exaltada que produce en la mujer una especie de "obsesión" y una tendencia a olvidarse de algún modo del resto de asuntos personales que no tengan que ver con el bebé que viene en camino. Esta obsesión parece enfermiza pero no lo es, es un estado sano, necesario y temporal, del que podrá liberarse a medida que el bebé vaya ganando autonomía y vaya precisando un cuidado menos exigente.

Soifer (1987) clasifica los momentos donde pueden surgir las ansiedades durante este período de embarazo:

- Durante el primer trimestre de gestación, comienzan a aparecer síntomas como la hipersomnia, el cansancio y las ganas de dormir. Esta reacción del cuerpo es una defensa biológica natural, que incita a la mujer a descansar y a hacer reposo. Las náuseas y los vómitos se ha comprobado clínicamente que están relacionados con la incertidumbre acerca de sí el embarazo es real o no y con el temor por la etapa que queda por vivir.

- Durante el segundo y el tercer mes se produce el fenómeno que Soifer denominó **proceso de placentación**, cuyo nombre alude a la formación de la placenta que tiene lugar durante esta etapa.

Durante este período pueden aparecer en la mujer fantasías en torno a un posible "vaciamiento" (perder al feto) que provoca angustia y temor. También ocurrirá que comenzarán a producirse los primeros movimientos fetales, que podrán generar del mismo modo angustia y temor.

Estos procesos mentales se darán de forma gradual y lenta y forman parte del proceso de asimilación y de acomodamiento de la mujer al comienzo de la gestación, por lo que, en muchas ocasiones, el hecho de recibir psicoeducación al respecto, alivia y mejora los síntomas, si estos están generando malestar e interferencia.

De hecho, creo fundamental que todos los profesionales que se dedican al acompañamiento y seguimiento de la mujer y del bebé durante el embarazo, el parto y el puerperio, como obstetras, matrones, neonatólogos, deberían formarse a este respecto para hacer un mejor acompañamiento y tener "unas gafas más amplias" que les permitan detectar y conectar con lo que pueda pasar más allá de lo físico, pudiéndoles esto además ayudar, a "observar" mejor lo físico.

Las manifestaciones psicológicas por las que la mujer pasará a lo largo del embarazo pueden aumentar considerablemente y pasar de un estado mental adaptativo y congruente a generar malestar e interferencia si:

- La mujer previamente ha experimentado pérdidas gestacionales, perinatales (durante el parto) o neonatales (primeros meses de vida del bebé).

- La gestación se ha alcanzado a través de tratamientos de reproducción asistida: Esto cobra una especial relevancia, ya que muchas de estas mujeres han pasado por un gran peregrinaje, provocando en algunas el desarrollo de trastornos emocionales asociados, como el trastorno de estrés postraumático.

También suele ocurrir que muchas de estas mujeres ocultan gran parte de este peregrinaje a sus personas más cercanas, en muchas ocasiones, por miedo a ser juzgadas o no apoyadas, y esto, irremediablemente las hace más vulnerables a sufrir durante la gestación (y tras ésta) trastornos emocionales intensos y duraderos, entre otras cosas, por la falta de apoyo social y la tensión que les supone el ocultar todo lo vivido.

- La mujer presenta escasos recursos para manejar situaciones que generan estrés.

- La mujer presenta determinados rasgos de personalidad, como aquellos relacionados con el clúster B (inestabilidad y tendencia a la desregulación afectiva) o con el clúster C (rigidez, tendencia a la preocupación excesiva y a las obsesiones, anticipación e intolerancia a la incertidumbre).

1.2.MOMENTOS POR LOS PASA LA MUJER DURAN-TE EL SEGUNDO Y EL TERCER TRIMESTRE DE GESTACIÓN

A medida que avanza la gestación comenzará a aparecer una necesidad inminente de comprender los vínculos primarios, y se producirá lo que Bydlowski (2007) denominó **"transparencia psíquica"**.

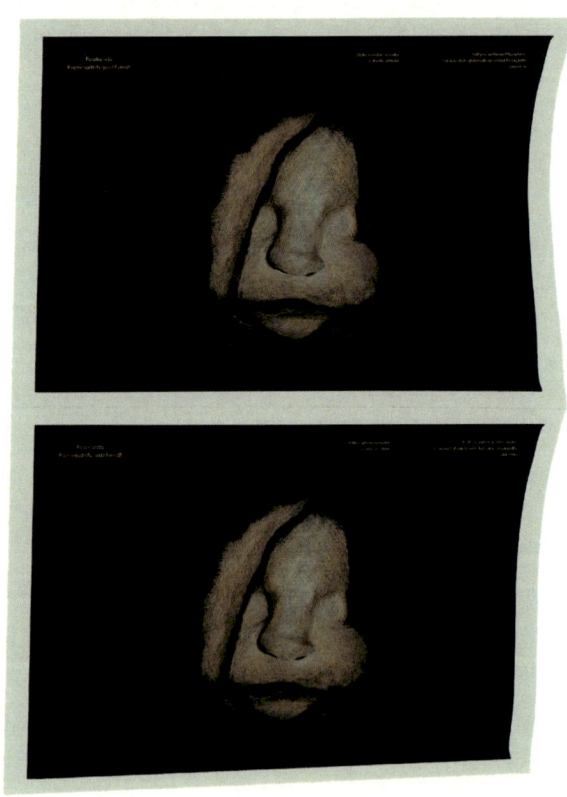

Este fenómeno se caracteriza por un devenir en la mujer de todos los recuerdos de su etapa infantil (cómo fue cuidada, "vista", protegida, en general, de cómo se cubrieron sus necesidades afectivas) Este devenir de recuerdos no tiene por qué ser en todo momento consciente, de hecho, la mayor parte de las veces ocurre de forma inconsciente, pudiendo incluso la mujer achacar su malestar a otros motivos o asuntos del presente. Los recuerdos no sólo llegan a modo de imágenes, pueden llegar a modo de sensaciones físicas, malestar o bienestar generalizado, etc.

Por otro lado, este fenómeno determinará también, el cómo la mujer reconozca sus necesidades y las cubra.

Bydlowski expresa que si la infancia fue traumática la fuerza de esas "angustias primitivas" puede incluso llevar a una interrupción de la gestación, o manifestarse como ansiedad o depresión. El embarazo es una crisis que mueve identificaciones y conflictos no resueltos. De este modo, ofrecerá a la mujer la oportunidad de encontrar soluciones más adaptativas y funcionales mediante la reorganización de su personalidad.

Con respecto a esto, cabe destacar que este fenómeno lejos de parecer en un primer momento desagradable, es tremendamente protector, ya que facilita la reparación de heridas emocionales no tratadas anteriormente

Ante esto son muchas las mujeres (y hombres) que me solicitan consulta por sentirse desbordadas ante la llegada de su hijo, ya que este devenir de recuerdos, reactiva miedos e inseguridades que se encontraban "dormidos" o parcialmente desconectados.

En ocasiones este fenómeno hace que muchas mujeres abandonen parcial o totalmente sus actividades y relaciones habituales, desconectándolas durante mucho tiempo de parte de ellas mismas.

Por otro lado, este fenómeno determinará también, el cómo la mujer reconozca sus necesidades y las cubra.

Pondré un ejemplo que pueda clarificar dicho fenómeno:

*Imaginemos el caso de una mujer que durante su infancia apren-
dió que sus necesidades o el malestar que pudiese sentir "debía
ponerse en segundo plano" porque en su hogar había dificultades
que solventar "en primer lugar", como cuidar de un familiar enfer-
mo, aportar recursos para poder comer, ayudar a un progenitor
con problemas de salud mental, etc., o bien, el caso de otra, que
durante su infancia aprendió que el mundo era peligroso y que debía estar constantemente alerta debido a experiencias de negligencia o maltrato vividas. ¿Cómo pensáis que vivirán su embarazo cuando estos recuerdos comiencen a devenir? Lo que ocurrirá
esque se pondrá en marcha todo aquello que está guardado en
forma de acciones procedimentales, es decir, en su memoria pro-
cedimental, un tipo de memoria de la que no somos conscientes
y que es tremendamente resistente a todo tipo de teorías raciona-
les que la persona pueda tener y/o entender a la perfección. Es la
memoria del "montar en bicicleta", una vez que se aprende basta
con que un pie roce el pedal para que se desplieguen de forma
rápida y automática todos los movimientos que se precisan para
"mover dicha bicicleta".*

De esto modo, en el primer caso probablemente la mujer presente dificultades para cubrir necesidades básicas como descanso, alimentación
adecuada, asistir a revisiones ginecológicas de forma periódica o pedir
ayuda si la necesita. Esto sucede porque esa mujer aprendió a desconectarse de sus necesidades (aprende de alguna manera a no sentirlas
como necesidades sino como cosas que pueden dejarse a un segundo
plano o que pueden resolverse más tarde). En el segundo caso probablemente la mujer comenzará a proyectar todo tipo de peligros, y en su intento por "tenerlo todo bajo control", dejará de cubrir de forma adecuada las
necesidades que ella y su bebé precisan. Estas conductas inadecuadas
se llevarán a cabo de forma automática a pesar de que la mujer pueda
saber (racionalmente) que no es lo correcto.

En el caso de que suceda lo expuesto en los ejemplos, habrá que buscar
apoyo y protección para estas mujeres, "una mano o unas manos que
puedan quitar los pies de los pedales" y que vayan poco a poco colocán-
dolos de otra manera más adaptativa.

Me gustaría señalar, que aunque los fenómenos mencionados han sido
estudiados e identificados en la mujer gestante, los hombres también pasan por ellos.

Cuando son los padres los que han vivido dichas situaciones en su infan-cia pueden sufrir del mismo modo, este fenómeno durante la gestación de su pareja, manifestándolo con comportamientos que a veces pueden parecer incomprensibles e incongruentes.

Esto ha sido algo que descubrí en mi práctica clínica, y tiene sentido, pues los hombres también sufren cambios neurobiológicos cuando esperan un hijo, siendo esta información estudiada y demostrada.

1.3.EL PAPEL DEL PADRE DURANTE LA GESTACIÓN

Los padres, al igual que las madres, aunque en menor medida y no de la misma forma, pasan por las etapas que hemos mencionados anteriormente: identificación materna (paterna) primaria, preocupación materna primaria (paterna primaria) y fenómeno de transparencia psíquica. De hecho, en cuanto a esto último, es habitual que los hombres soliciten consulta durante la gestación de su pareja o una vez nacido su hijo (más en este caso) porque comienzan a tener una mayor conexión y sensibilidad con su propia historia, dificultades, déficits y problemáticas,.

Esto que parece tan simplista, tiene décadas de investigación. Así, la obstetra Pampa Sarkar en el año 2006 concluyó que el período en el que los seres humanos somos más susceptibles, es el período intrauterino, y dicho período vendrá en parte determinado por la historia de esa madre, y de forma contralateral, de ese padre, principal factor de protección externo.

También tendrá especial relevancia la relación que existe entre ambos progenitores antes de la concepción, durante la gestación, y por supuesto, después de ésta.

Es con la llegada de un hijo donde saldrán a la luz las debilidades más profundas, incluso aquellas que han podido estar durante años "protegidas", como siempre me gusta decir, por "nuestros maravillosos mecanismos de defensa". Así, el establecimiento de una adecuada relación filio-parental se convierte en uno de los mayores retos a los que los seres humanos se enfrentan.

1.4.FENÓMENOS QUE SUCEDEN DURANTE LA GESTACIÓN: LOS REFLEJOS PRIMITIVOS

Es en el útero materno donde el feto está expuesto al primer entorno y primeras experiencias. En ellas comienza su aprendizaje y con él la generación de las primeras conexiones neuronales, fundamentalmente en el tronco encefálico cuya función principal es unir el cerebro con el resto del sistema nervioso central, haciendo posible la comunicación entre las diferentes estructuras que componen el mismo (cerebro, cerebelo y médula espinal).

Otras funciones relacionadas con esta estructura son el control de la respiración, la regulación del ritmo cardíaco y la aparición de lo que atañe a este apartado, los reflejos primitivos.

Estos reflejos se desarrollan durante la etapa intrauterina y el primer año de vida para facilitar la adaptación al medio y aparecen debido a la estimulación que el feto va recibiendo dentro del útero materno.

Una vez que nace, y durante los primeros meses de vida, el bebé desarrollará un patrón de movimientos específicos de forma espontánea que sustituirán y harán que desaparezcan los reflejos primitivos a través del vínculo con los padres y la estimulación que se le proporcione (Blomberg, 2012; citado en Cortés, 2018).

Así, dichos reflejos deben aparecer y serán sinónimo de buen desarrollo neurológico. Del mismo modo, deben desaparecer para dar lugar a respuestas voluntarias, lo que indicará que el cerebro se va desarrollando adecuadamente.

En este apartado me centraré en exponer dos reflejos relacionados con la respuesta al estrés:

-Uno de ellos no es un reflejo primitivo, sino un reflejo intrauterino. Aparece durante el primer trimestre de embarazo si se dan ciertas condiciones, entre ellas, el estrés elevado en la madre y/o la exposición a materiales pesados u otras sustancias tóxicas. Este reflejo se denomina **reflejo del miedo paralizador o reflejo de retirada**. Tiene este nombre debido a que, ante el estrés y el miedo, el feto no puede "huir" que es la respuesta que está asociada a estas condiciones, por lo que su organismo se quedará "paralizado", no demandará, no se moverá, se retirará. Si este reflejo se queda activado y no desaparece durante el embarazo, tendremos a niños hipersensibles, con poca tolerancia al estrés y con tendencia al aislamiento.

-Otro de los reflejos relacionados con la respuesta al estrés es el **reflejo de moro**. Es un reflejo primitivo que se desarrolla entre las 12 y 24 semanas de gestación y debe desaparecer a los 4 meses de vida. Se activa por un estímulo fuerte y desagradable. Para que se integre de forma adecuada el bebé precisa que los cuidadores vayan calmando su nivel de activación mediante la regulación diádica (fenómeno que veremos detallados en el capítulo 4). Si esto no sucede dará lugar a niños con hipersensibilidad en cualquiera de los sentidos, mareo e inestabilidad en los cambios repentinos de posición, hipersensibilidad a los sonidos, problemas de equilibrio, entre otros.

Nota: Cabe aclarar que estas características en los niños, como otras, son el resultado de varios factores, y este puede ser uno de ellos. Concretamente este sería lo que conocemos como un factor epigenético (factor ambiental que influye en el ADN del que hablamos al comienzo de este capítulo).

CAPÍTULO 2

Me toca llegar al mundo: El nacimiento

"El parto es la única cita a ciegas en la que estarás segura de que vas a conocer al amor de tu vida"
- Anónimo -

Del mismo modo que recojo todo lo ocurrido durante el embarazo y antes de éste, también recojo información de todo aquello que sucedió durante el parto, y como mencioné en el primer capítulo, quizás los progenitores o los cuidadores de los niños y adolescentes que acuden a mi consulta no entienden muy bien que tiene eso que ver con que, por ejemplo, un niño no se sienta querido y tenga dudas con respecto a ello, sea demasiado miedoso, irritable, tenga dificultades para calmarse, etc. No saben por qué ha podido suceder sí lo han intentado hacer lo mejor posible.

Los seres humanos venimos programados para desarrollarnos en el interior de un útero, venir al mundo de una determinada forma. Forma que puede no ser perfecta pero que de alguna u otra manera, precisa que se den unos determinados factores.

Las mujeres que han pasado por partos inducidos, complicados, es-
tresantes, donde ésta ha sentido tener muy poco control o ninguno del
proceso, pueden acabar manifestando dificultades para conectar en
un primer momento con su bebé. También la situación se complica en
partos de niños prematuros, en los que además de ser complicados, se
suele separar al niño de su madre.

*"El parto es un evento neurobiológico en el que se produce un diá-
logo neuroquímico constante e irrepetible entre el cerebro materno
y el del bebé. De hecho, son las neurohormonas fetales las que dan
la señal que desencadena el parto a término"*
(Olza et al., 2012; citado en Cortés, 2018).

Dicho diálogo es muy riguroso y nos encontramos programados para
que de ahí se produzca una inquebrantable vinculación entre la mamá
y el bebé, por lo que es muy importante tener en cuenta como fue esa
primera comunicación y ese primer encuentro.

En este momento, al igual que ocurre durante la gestación, el estado psicológico de la mujer irá de la mano de la sintomatología física padecida
y seguirá un curso más o menos establecido. Dicho de otro modo, como
ocurre con los fenómenos psíquicos en cada trimestre de la gestación,
a cada fase del parto le acompaña un fenómeno psíquico, sin olvidar
nunca, las diferencias individuales de cada mujer, el cómo éstas interac-
cionen con el escenario del parto y el cómo se puedan gestionar los
acontecimientos.

2.1. ETAPAS DEL PARTO

El momento del parto se divide en tres etapas, y en cada una de ellas, la mujer experimentará emociones diferentes:

- En primer lugar, comienza la dilatación, cuya intensidad va aumentando con el tiempo. El fenómeno psíquico que caracteriza a este momento es lo que Winnicot denominó (como se comentó en el primer capítulo) la preocupación materna primaria, fenómeno que comienza a aparecer desde el primer trimestre y alcanza su mayor auge en este momento. La mujer estará centrada en que su bebé este sano principalmente. Lo más importante en este momento es poder respirar profundamente, lenta y rítmicamente.

- En segundo lugar, llega el momento del parto. Aquí las contracciones son cada vez más fuertes e intensas. En esta fase aumenta en la madre la angustia y la ansiedad. En esta etapa es importante que se de en la mujer una respiración jadeante y que pueda relajar su cuerpo para reducir el dolor.

- En tercer lugar, sucede el alumbramiento. En esta etapa el bebé ya ha nacido y la mujer expulsa la placenta. En este momento es fundamental el contacto de la mujer con su hijo, es aquí donde comienza el vínculo entre ambos.

Durante el parto la mujer necesita sentirse segura y cómoda, necesita que se vaya respetando su ritmo, el ritmo natural que lleva por fin al alumbramiento.

Una vez que éste se produce, la mamá y el bebé estarán cargados de:

- **La oxitocina**: La oxitocina se descubrió a principios del siglo pasado y se sintetizó artificialmente por primera vez en 1953.

Entre sus funciones está la de favorecer los movimientos de contracción relajación de fibras musculares lisas como las que forman el cuerpo del útero materna y es también la responsable de que madre e hijo queden totalmente "enamorados" tras el nacimiento. Es en este momento cuando los niveles de oxitocina en ambos están en el punto más alto.

- **Las catecolaminas**: Las catecolaminas o también llamadas, hormonas del estrés, generan la suficiente activación para que el recién nacido explore el cuerpo de su madre y se interese por ella. Ayudan a activar el bulbo olfatorio al pasar por el canal del parto para que así puedan reconocer el olor del líquido que segrega la aureola del pezón mamario, que es el mismo olor que el del líquido amniótico.

- **Las endorfinas**: Son un tipo de neuropéptido endógeno, (elaboradas por el propio organismo) las cuales se encargan de estimular las áreas cerebrales que producen el placer al organismo. Estas sustacias son conocidas también como opiáceos endógenos, ya que su composición química y su actuación es muy similiar a la de los derivados del opio, como la heroína y la morfina.

Una de las principales funciones de esta sustacia es la inhibición y/o disminución del dolor físico y/o emocional, permitiendo así a la persona poder sobrevivir y sobreguardar su vida ante situaciaciones muy dolorosas.

Durante el parto, la mujer libera una gran cantidad de endorfinas entre contracciones, y una vez producido el parto, para permitirle vivir ese momento.

Para explicar el momento del parto a los futuros padres y a los profesionales de la salud, siempre lo asemejo a una relación sexual (pues el parto, forma parte de la sexualidad de la mujer) y a todo aquello que necesita una mujer durante dicha relación para que ésta sea satisfactoria.

Para ello me remito a las etapas que conforman la respuesta sexual humana según Masters & Johnson (1965):

- Excitación: Durante esta fase se comienza a segregar una serie de sustancias que ayudan a que la mujer lubrique la zona vaginal, lo cual, facilitará el coito. Para que esto suceda necesitará sentirse segura, cómoda y desear de alguna manera a la persona con la que va a mantener la relación.

Fisiológicamente durante esta fase aumenta el nivel de tensión muscular y la frecuencia cardíaca y comienza la vasocongestión que aumenta el tamaño de los órganos genitales, fenómenos relacionados con la activación del sistema nervioso simpático.

Esto podría asemejarse a la primera etapa del parto, en el que la mujer comienza a tener contracciones y lo que precisa es mantener una respiración rítmica, profunda y lenta. Durante las primeras contracciones el sistema nervioso simpático deberá estar muy activado

- Meseta: Esta etapa se produce cuando el nivel de excitación de la mujer aumenta y se mantiene hasta el orgasmo.

Podría asemejarse al momento en el que se acerca el nacimiento. Las contracciones aumentan en frecuencia e intensidad y la mujer precisa comenzar a relajar su cuerpo, mantener una respiración jadeante y seguir un movimiento rítmico. Para que esto suceda, el sistema nervioso parasimpático deberá actuar.

- Orgasmo: En esta fase se producen contracciones rítmicas del útero, aumenta la presión arterial y la frecuencia cardíaca y respiratoria. Se origina una repentina liberación de la tensión y se secretan altas dosis de oxitocina. Es la explosión final en la que se libera toda esa tensión acumulada en la fase de meseta y en la que el cerebro libera una carga de endorfinas que intensifican la sensación de placer.

Podría asemejarse al momento del nacimiento. Durante esta fase, se producen en la mujer fenómenos muy similares a como pasa en la fase del orgasmo de la respuesta sexual. Durante el alumbramiento, del mismo modo, se secretan altas dosis de oxitocina, lo que induce a la vinculación con el bebé nada más nacer. En la recta final de esta fase la mujer comienza a liberar endorfinas que le ayudan a soportar mejor el dolor.

- **Resolución**: Una vez que la mujer ha llegado al orgasmo el ritmo cardíaco, la respiración y la presión sanguínea descienden incluso por debajo de los valores normales y se la libera la tensión sexual.

Esta fase podríamos asemejarla a lo que siente la mujer una vez que nace su bebé.

> Dar a luz es un acto íntimo, en el que la mujer requiere, al igual que durante una relación sexual, un lugar seguro que le permita relajarse para dejarse llevar por el torrente hormonal que se produce. En definitiva, necesita un ambiente que propicie seguridad y calma.
>
> (Odent, 2009; citado en Cortés, 2018)

A través de las experiencias sexuales se liberan las mismas hormonas y se reproducen guiones similares. Durante el acto sexual se libera oxitocina y endorfinas. Es el comienzo de un vínculo afectivo que sigue un patrón similar de apego madre-bebé después del parto.

Desde el punto de vista neurobiológico tiene sentido que las etapas del parto y todo lo que la mujer precisa para que pueda pasar por todas ellas de forma adecuada sean parecidas a aquellas por las que pasa durante las relaciones sexuales. Las relaciones sexuales favorecen el vínculo afectivo con la otra persona, que es lo mismo que sucede y que debe suceder para garantizar la supervivencia del bebé.

A su vez, para que esto ocurra, la mujer debe sentirse segura, cómoda y con percepción de control (precisa percibir que controla la situación).

Bajo este marco es importante destacar que al igual que la mujer necesita liberar la tensión alcanzada durante la dilatación y el alumbramiento, su bebé también necesitara hacerlo, algo para lo que es fundamental que nada más nacer se le acerca a su madre y se les permite a ambos un contacto **piel con piel**.

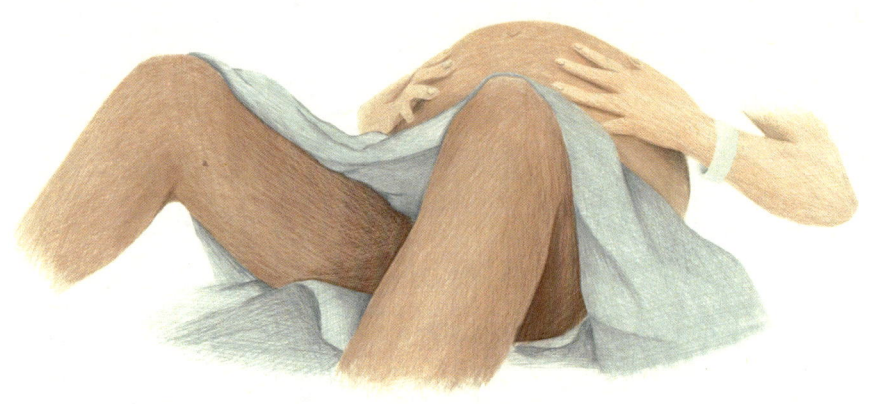

Este contacto **piel con piel** ayudará al bebé a liberar la tensión a la que su cuerpo se somete para poder nacer y sobrevivir a ello. A su vez, los altos niveles de oxitocina con los que nace provocan que sea un período altamente sensible para que se produzca el vínculo con su madre.

Así, todo lo que sucede durante el parto-nacimiento forma parte de una programación biológica entre madre e hijo.

Sin embargo, a veces esa programación natural puede verse alterada por diversas causas, como pueden ser las intervenciones que se realizan durante el parto, las cuales en algunas ocasiones pueden ser necesarias para salvaguardar la vida de la madre, del bebé o de ambos.

No obstante, si esto ocurre, **la psicoterapia siempre ofrece oportunidades para reparar las posibles heridas que deja la experiencia, así como el vínculo entre madre e hijo.**

CAPÍTULO 3

Toca que nos vayamos conociendo y qué mamá se recupere: El postparto.

*"Su olor, su calor, su voz...es lo que más me gusta de mi mamá.
Ese olor, ese calor y esa voz sólo son de ella, de mi mamá, a la
que llevo conociendo ya un tiempo. Ahora, es ella la que tiene
que conocerme a mi"*
– María Rastrojo –

El postparto (o puerperio) es el periodo que va desde el momento del parto hasta los 35 - 40 días y es el tiempo que necesita el organismo de la mujer para recuperar progresivamente las características físicas que tenía antes de iniciarse el embarazo.

Por otro lado, durante este período se mantienen todos los cambios psicológicos que se generaron durante la gestación, incluso algunos de ellos adquirirán más fuerza, como la identificación materna y/o preocupación materna primaria

El cómo vayan progresando y se vayan manteniendo los cambios expuestos, dependerá el bienestar de la mujer y, por consiguiente, el del bebé.

3.1. ESTADO FÍSICO DE LA MADRE DURANTE EL POSTPARTO

Durante el postparto se producen en el organismo de la mujer una involución de todas las modificaciones anatómicas y fisiológicas que la mujer, a excepción de aquellas implicadas en la lactancia.

Acosta y Varela, 2013, hablan de los diferentes momentos por los que pasa la mujer durante el postparto. Los fenómenos que caracterizan a cada uno de estos momentos se exponen a continuación:

- **Primer momento**: Abarca las primeras 24 después del parto. Durante este momento la mujer experimenta alivio y bienestar. Por otro lado, la mujer se sentirá cansada, lo que la llevará a guardar reposo y así, poder lograr el control de la hemorragia genial postparto.

- **Segundo momento**: Abarca los 10 primeros días. A nivel físico comienza un proceso de redistribución de los líquidos corporales y los órganos genitales externos retoman su aspecto normal y recuperan tonicidad. Se producen dolores por las contracciones uterinas por la bajada de leche, que se produce durante el tercer y quinto días tras el parto.

- **Tercer momento**: Se produce entre los treinta y los cuarenta y cinco días tras el parto. Tras este tiempo regresa la ovulación y la mujer comienza a tener de nuevo la menstruación.

- **Cuarto momento**: Es el último, lo denominan puerperio tardío, y abarca los primeros trescientos sesenta y cinco días tras el parto. Está relacionado con todo el proceso de lactancia.

3.2. TRASTORNOS PSICOLÓGICOS QUE PUE-DEN DARSE EN LA MUJER DURANTE EL POSTPARTO

Dos de los trastornos psicológicos más comunes que pueden darse después del parto es la **depresión postparto** (Soifer, 1987) y el **trastorno de estrés postraumático**. Lo habitual esque tras el parto la mujer se suma en un período de decaimiento, que suele durar unas semanas, fenómeno que se conoce como **Baby Blues o tristeza postparto**. Este fenómeno lo experimentan la mayoría de las mujeres y se caracteriza por sentimientos de tristeza, preocupación y cambios de humor e irritabilidad que inician en los primeros días después del parto. Suele durar de unos pocos días hasta dos o tres semanas y no interfiere a la hora de cuidarse a sí misma o a su bebé. Algo diferente a lo que ocurre en la **depresión postparto.**

Por otro lado, puede ocurrir que durante el parto la mujer experimentará complicaciones obstétricas, perdiera el control de la situación, o bien, que no fuera tratada como ella precisaba, dando lugar al desarrollo de un **trastorno de estrés postraumático postparto.**

Por último, hay mujeres que desarrollan tras el parto algún **trastorno de ansiedad**, ya sea, trastorno de ansiedad generalizada (el más habitual), trastorno obsesivo-compulsivo, trastorno de pánico, etc. Éstos, en ocasiones, son fácilmente confundidos tanto por las personas que los sufren como por otros profesionales con el **trastorno de depresión postparto**, siendo recomendable hacer bien esta distinción, ya que el curso, el pronóstico, y tratamiento que precisan, es distinto.

Estas condiciones afectarán a la mujer y a su bebé y el desarrollo del niño podrá verse interferido (en parte) por cualquiera de estas condiciones, pues predisponen a la madre a no vincular adecuadamente con su hijo, y, por consiguiente, a no cubrir adecuadamente sus necesidades. Por este motivo, es fundamental que, ante ello, las mujeres busquen ayuda.

A continuación, desarrollaremos con más detalle en qué consisten cada uno de estos trastornos psicológicos.

3.2.1 DEPRESIÓN POSTPARTO

A pesar del elevado número de mujeres que sufren depresión postparto es una de patologías de salud mental menos tratadas, debido en parte, a la vergüenza y la culpa que puede invadir a la mujer que la sufre.

La depresión postparto se caracteriza por sentimientos de tristeza y desesperanza, inquietud e intranquilidad constante, sentimientos de inutilidad y soledad, dificultades en el sueño y la alimentación, entre otras posibles manifestaciones. También puede tener problemas para concentrarse o para completar las tareas cotidianas, perder el apetito o dejar de interesarle la comida, sentir que no es una buena madre, perder el interés por su bebé o estar muy preocupada por la salud del pequeño o sentirse agobiada y superada por la situación y creer que no hay esperanza de que las cosas mejoren.

Estos síntomas generarán un malestar significativo que afectará a su estado físico y mental y causarán interferencia a la hora de cubrir las necesidades propias y las de su hijo y en todas las áreas de su vida. También cabe destacar, que para hacer el diagnóstico es necesario que estos síntomas se hayan mantenido por un mínimo de 6 meses consecutivos.

Algunas de las conclusiones realizados sobre las causas y las consecuencias sobre la depresión postparto concluyen que los niveles de cortisol (hormona liberada en situaciones de estrés) de las mujeres embarazadas durante el primer o el tercer trimestre de gestación aumenta la vulnerabilidad a padecer depresión postparto. Dichas conclusiones fueron extraídas de un estudio realizado por Científicos de la Universidad de Granada, pertenecientes al Centro de Investigación Mente, Cerebro y Comportamiento y a la Facultad de Psicología.

Por otro lado, científicos del Instituto Danés de Investigación han des-cubierto que la depresión postparto no suele producirse en mujeres sin trastornos psiquiátricos previos.

No obstante, cuando se diagnostica tras un primer embarazo aumenta el riesgo de que vuelva a repetirse el episodio en futuros embarazos.

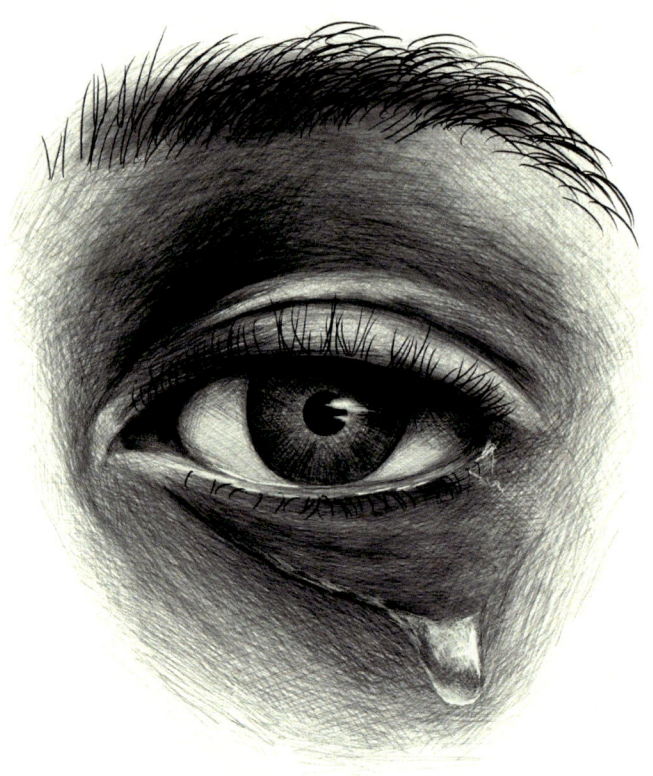

3.2.2. ESTRÉS POSTRAUMÁTICO DEBIDO AL PARTO

El parto es considerado como un evento lo suficientemente estresante como para desencadenar un trastorno de estrés postraumático.

Este trastorno se caracteriza por recuerdos angustiosos recurrentes, involuntarios e intrusivos del suceso traumático, presentar pesadillas relacionadas con el suceso, presentar reacciones disociativas (revivir el suceso), presentar reacciones fisiológicas intensas a factores internos o externos que simbolizan o se parecen a algún aspecto del suceso, evitar persistentemente estímulos asociados, presentar sentimientos de miedo, culpa y/o rabia, disminución importante del interés o la participación en actividades significativas, tendencia al aislamiento social e incapacidad persistente de experimentar emociones positivas, criterios extraídos del DSM-V (Manual Diagnóstico y Estadístico de los Trastornos Mentales).

El parto constituye un momento de gran vulnerabilidad para la mujer, en el que a nivel cerebral hay un escenario neurobiológico y hormonal específico, circunstancias que hacen que los eventos que tienen lugar durante el parto y las horas siguientes a éste puedan quedar vívidamente grabados en la memoria.

Cuando intuyó que una mujer puede padecer síntomas compatibles con un trastorno de estrés postraumático le realizó en primer lugar un cuestionario de cribado, el **cuestionario de estrés postraumático perinatal elaborado por Callahan y colaboradores en el año 2006**. Algunas de las preguntas contenidas en dicho cuestionario son:

- ¿Ha tenido sueños o pesadillas relacionados con el nacimiento de su bebé?

- ¿Le trae malos recuerdos pensar en su parto en la estancia de su bebé en el Hospital?

- ¿Ha tenido la sensación repentina de que su parto volvía a ocurrir reexperimentando de nuevo las emociones, sensaciones y pensamientos que allí sintió (los denominados flashbacks)?

- ¿Ha intentado o intenta evitar pensar en lo relacionado con el nacimiento de su hijo?

- ¿Le cuesta recordar momentos de su estancia en el Hospital?

El parto traumático se ha definido como aquel en el que "hay un peligro real o amenaza vital para la madre o para su bebé" (Beck & Watson, 2008). No obstante, la amenaza no siempre ha tenido que ser real, basta con que la madre haya pensado que ella o su bebé corrían grave peligro llevándola a reaccionar sintiendo miedo o indefensión. Como dice Beck "el trauma del parto reside en la mirada de quien lo percibe". Una muestra de ello es que este trastorno puede aparecer en mujeres que han vivido un parto "aparentemente" normal (Thompson, 2008). Sin embargo, los estudios muestran que el hecho de haber recibido una atención inadecuada provocando que la mujer no se haya sentido segura, tenida en cuenta y/o con percepción de control sobre la situación, son factores que pueden precipitar el desarrollo de este trastorno tras el parto.

La doctora **Sharon Dekel**, profesora asociada de psicología en la Harvard Medical School e investigadora principal en el Departamento de Psiquiatría del Hospital General de Massachussetts ha centrado sus investigaciones en el **trastorno de estrés postraumático (TEPT) postparto.**

Según los estudios realizados sobre este trastorno psicológico después del parto, encuentra que entre los **factores** que pueden contribuir al desarrollo de dicha sintomatología están los problemas de **salud mental previos** en la madre, un historial de **violencia sexual,** o la **falta de apoyo social**, aunque una **experiencia del parto negativa** (en partos de riesgo, pero no necesariamente) puede ser suficiente para que se presente un cuadro de TEPT postparto, incluso en madres que no presentaban factores de riesgo previos.

Centrándonos en lo referido en las últimas líneas, se ha encontrado que en los partos eutócicos (sin riesgo) varias prácticas clínicas intraparto, como la realización de tactos vaginales reiterados, la indicación de permanecer acostadas durante todo el tiempo, o un plan de parto no respetado, se han asociado a un mayor de riesgo de sufrir TEPT.

3.4. ESTRÉS POSTRAUMÁTICO EN EL RECIÉN NACIDO

Generalmente pensamos que no tenemos ningún tipo de recuerdo del momento en el que nacimos, y si, no tenemos recuerdos explícitos, ni imágenes mentales de lo que pasó. No obstante, nuestro cuerpo si tiene memoria. El cerebro del bebé que nace, registra a nivel somático todo lo que sucede. Este tipo de memoria se denomina memoria implícita y se desarrolla antes del pensamiento simbólico (aquel que permite usar gestos y sonidos para comunicarnos y denominar las cosas, dando significado a la propia realidad).

Esto sucede porque las estructuras cerebrales encargadas de este tipo de memoria están perfectamente maduras desde el final de la gestación ya que, están ligadas a la supervivencia. Estas estructuras serán las encargadas de que el bebé sienta miedo, tristeza, rabia, etc. y si no son calmadas y liberadas, se quedan grabadas en sus cuerpos.

El cuerpo del bebé es capaz de guardar fuertemente el momento del parto, la sensación después de esté, las caricias y la mirada de su madre, etc.

Estas estructuras serán las encargadas de que el bebé sienta miedo, tristeza, rabia, etc. y si no son calmadas y liberadas, se quedan grabadas en sus cuerpos.

La contrapartida a esta maravilla de sensibilidad es que no están exentos de sentir otras emociones como la tristeza o el miedo. Emociones primarias que recorren sus cuerpos y se quedan ancladas en ellos necesitando ser liberadas, exactamente igual que nos pasa a los adultos.

Por ello, una de las peores experiencias para un bebé es que lo separen de su madre nada más nacer, ya que, en esos momentos, el bebé siente un nivel de estrés tan elevado que necesita ser calmado y atendido. Si esto no sucede, el miedo queda grabado en sus cuerpos, como atrapa-

La forma en la cual puede manifestarse este síndrome en los bebés es llorando desconsoladamente a pesar de que sus madres les toman en brazos todo el tiempo, como si necesitaran desahogar su dolor y nos estuvieran diciendo "necesito que me calmes". También pueden mostrar problemas para dormir, para comer, y excesiva sensibilidad, por ejemplo, a los ruidos. Estos síntomas ponen de manifiesto una alta reactividad en ese pequeño cuerpo que requiere ser estabilizada.

3.3. ESTRÉS POSTRAUMÁTICO DEL PADRE DEBIDO AL PARTO DE LA MADRE

No es raro encontrar a hombres que presentan síntomas de estrés postraumático debido a un parto complicado que haya podido sufrir la madre de su hijo.

A este respecto expongo de forma literal lo expresado por un joven hombre después de vivenciar el traumático parto de su novia. Dicho fragmento lo he extraído de la página del Instituto Europeo de Psicología Perinatal:

"Hace dos años, presencié como mi pareja sufrió una gran pérdida de sangre en la sala de operaciones. Los profesionales médicos estaban muy ocupados haciendo todo lo posible por salvar a mi novia y al bebé, pero a mí me dejaron solo en una habitación durante una hora, sin ninguna información, noticia ni acceso a mi familia. Así que, obviamente, imaginé lo peor, y me dejaron solo con esos sentimientos de dolor e impotencia durante lo que me pareció una eternidad, agravado por el hecho de que no tenía ni idea de lo que estaba ocurriendo. Ni siquiera sabía si el bebé iba a estar bien".

El caso de este joven es un ejemplo que a veces me encuentro en padres de niños y adolescentes cuyas madres sufrieron un parto traumático. Estos síntomas la mayor parte de las veces no son atendidos, y años después, los siguen presentando.

El Instituto Europeo de Psicología Perinatal argumenta que hay un sólido cuerpo de evidencia que sugiere que muchos padres necesitan ayuda psicológica para superar la experiencia en el paritorio.

La ayuda profesional es necesaria, pues a pesar de lo puede pensarse el trastorno de estrés postraumático no se supera por sí sólo, no es algo que se supere por el mero hecho de que pase el tiempo, y, del mismo modo que es fundamental salvaguardar la salud mental de la madre también lo es cuidar de la del padre.

Es fundamental comprender que ese pequeño pasó mucho miedo y que puede que aún lo tenga, y por tanto, necesita ser escuchado, acompañado y acogido. Al fin y al cabo, como siempre intento transmitir en consulta, el niño más irritado, más sensible, más inquieto, más nervioso, etc es el que más te necesita.

3.5. EL PAPEL DE LA LACTANCIA MATERNA

La Organización Mundial de la Salud (OMS) y el Fondo de Naciones Unidas para la Infancia (Unicef) señalan que *"la lactancia es una forma inigualable de facilitar el alimento ideal para el crecimiento y desarrollo correcto de los niños"*.

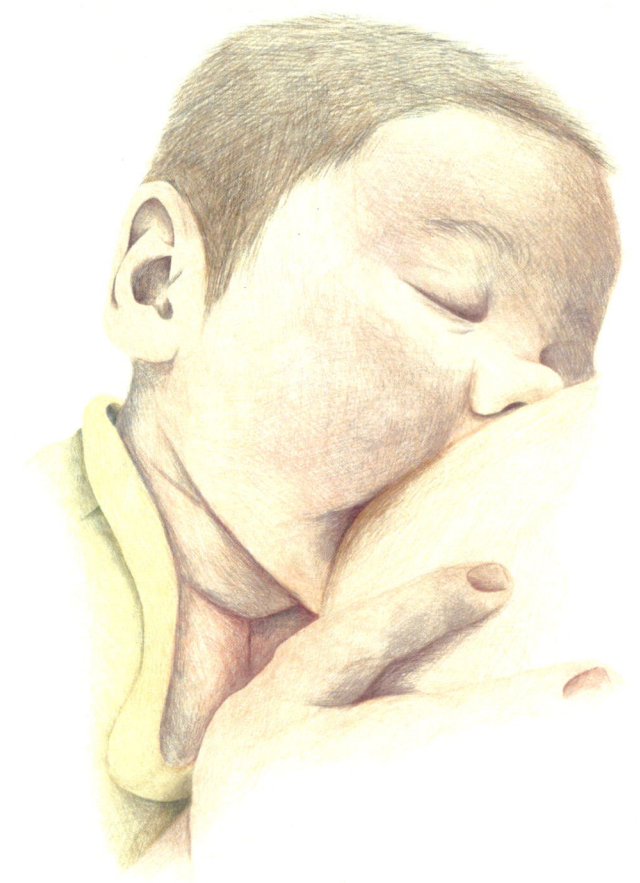

Según la Asociación Española de Pediatría, la vuelta al trabajo supone una dificultad, pero no un impedimento para continuar con la alimentación al pecho. Existen diferentes posibilidades para que las madres que tienen que incorporarse al trabajo puedan continuar con la lactancia. Algunas opciones son:

- Acumular las horas del permiso laboral (una hora en medio de la jornada laboral o media hora al principio o al final de la jornada, hasta los nueve meses) y sumarlas a la baja maternal

- Extraer la leche, en casa o en el lugar de trabajo, con un sacaleches (los eléctricos son más rápidos) para que el cuidador se la ofrezca al bebé cuando la madre esté trabajando.

- Unas semanas antes de incorporarse al trabajo, conviene familiarizar a la persona que se vaya a encargar de cuidar al bebé con el manejo de la leche materna y la forma de administrarla (vasito, cuchara...).

- Para evitar que el estrés laboral afecte a la producción de leche, la madre debe descansar cuando pueda y relegar en su pareja o familiares otros aspectos relativos al cuidado del niño y del hogar para que no acumule dema-

*Nota: Estos consejos están extraídos de la Guía elaborada por la Asociación Española de Pediatría en relación a la lactancia materna.

Otra de las cuestiones a este respecto y que suelo tratar a menudo, es **el hecho de dar o no dar pecho**, y el hecho es que esta misma Asociación, en la misma Guía expone que "los niños no llegan a ser más o menos autónomos según el alimento que hayan tomado sino según el modo en que se les ha dado éste (condicional o incondicional). Pues esto en realidad, no depende del tipo de alimentación, sino del estilo de crianza".

Así, cuando una mujer no puede amamantar a su bebé, sea por la causa que sea, hay que respetarlo y no forzarlo, porque hay otras muchas formas de propiciar el vínculo con el bebé (Cortés, 2018).

En cuanto a lo referido en el párrafo anterior, y con el objetivo de poder brindar seguridad y calma a las madres con respecto a ello, sobretodo a aquellas que deciden no dar lactancia materna, o aquellas que por motivos médicos y/o psiquiátricos no pueden, y por la relación que a lo largo de los años se ha hecho entre ésta y el vínculo con el bebé, mencionaré los experimentos que el psicólogo Harry Harlow realizó con macacos en los años 60.

Este psicólogo quiso comprobar la teoría del apego que anteriormente Jonh Bowly había expuesto.

Aquí sólo explicaré, por lo que atañe a este apartado, uno de sus experimentos en los cuales quiso comprobar dos cosas, por un lado, ante una situación de miedo y desprotección hacía donde iban los monos, y por otro, donde querían y estaban más tiempo.

Para ello, creó dos monas de alambre, a una le puso un biberón con leche, y a otra, le puso una felpa que proporcionaba calor.

Estos experimentos le permitieron comprobar que a pesar de que una de las monas de alambre les proporcionaba alimento, los monitos siempre elegían a la mona de alambre que no daba alimento pero que, si les daba "calor", ya que adoptaba el rol de madre y sentían más protección y seguridad.

En ocasiones, pongo como ejemplo estos experimentos para calmar a las futuras madres con respecto a la asociación que a veces se hace entre lactancia materna y vínculo afectivo. Este último depende de otros factores que no están relacionados con la forma de alimentar.

CAPÍTULO 4

Empezando a cubrir necesidades básicas

"Necesito que me alimentes, que me duermas, que me cuides cuando estoy malito, pero con amor, con mucho amor. Necesito también jugar para aprender y hacerlo con personitas como yo".

– María Rastrojo –

Para explicar las necesidades de los niños, y en general, de los seres humanos, siempre utilizo para apoyarme en ello la **metáfora que Paul McLean** propuso en los años sesenta para explicar el funcionamiento del cerebro.

Esta metáfora la utilizó porque las necesidades y el neurodesarrollo guardan una estrecha relación, pues el desarrollo del cerebro dependerá de que las necesidades que precisamos se vayan cubriendo adecuadamente.

Las principales necesidades del ser humano, serán las fisiológicas. Aquellas que requieren ser cubiertas para garantizar nuestra supervivencia (físicamente hablando) y para que nuestro cuerpo se encuentre equilibrado. Dentro de éstas entrarían el hambre, la sed, el sueño, el aseo y la actividad física, entre otras. Por lo que, para que estas zonas funcionen y se desarrollen de forma adecuada, dichas necesidades precisarán ser cubiertas.

La zona del cerebro encargada de estas funciones es a la que McLean denomino **cerebro reptiliano**. Las estructuras que componen dicho cerebro son los ganglios basales, el tronco encefálico y el cerebelo y la función principal de las mismas es la de generar una serie de conductas instintivas, encargadas a su vez, de preservar nuestra supervivencia. Esta zona está cargada de memorias primitivas y controla funciones vitales (respiración, tensión arterial, tasa cardíaca y temperatura), el equilibrio y el movimiento muscular principalmente.

Justo encima de esta zona (estructuralmente hablando) que controla las respuestas que nos llevan a cubrir las necesidades fisiológicas, se encontraría el cerebro emocional, zona compuesta por un conjunto de estructuras entre las que se encuentran la amígdala, el septo, el hipotálamo, la corteza del cíngulo y el hipocampo, cuyas funciones principales son la motivación, el proporcionar energía al organismo para la consecución de un objetivo, la generación y regulación de emociones y la consolidación de la memoria.

Se activa para evitar sensaciones desagradables y acercarnos a aquellas que resultan agradables y se va desarrollando de la mano del reptiliano a partir del primer año de vida, aunque a diferencia del primero, la maduración de este cerebro es más lenta y se hace más compleja.

Para que los niños desarrollen esta zona del cerebro adecuadamente precisarán dos cosas principalmente: Seguridad y afecto.

Más arriba, tenemos la zona más superficial del cerebro, zona que McLean llamó neocorteza, característica de los mamíferos más evolucionados, responsable del procesamiento de la información, el habla, y el definitiva, donde se albergan los pensamientos, el conocimiento del mundo. La neocorteza comienza a madurar a partir de los tres años, edad en la que el niño tendrá la capacidad de controlar sus instintos y estará en disposición de poder razonar (tomando "este razonar" con cautela).

Dentro de la neocorteza cabe añadir aquella zona considerada el director de orquesta del cerebro, estructura más nueva y evolucionada y responsable de las famosas funciones ejecutivas.

Estas funciones son las que nos hacen humanos, son aquellas que nos diferencian del resto de los animales. Nos permiten organizar y planificar los pasos que debo dar para la consecución de una tarea, mostrar una adecuada velocidad de procesamiento de la información, hallar soluciones para un problema novedoso, haciendo predicciones de las consecuencias de cada solución imaginada (expresado de este modo por Javier Tirapú, neuropsicólogo), mantener el foco atencional durante un tiempo determinado, etc. (estas son las denominadas funciones "frías" de la neocorteza).

Por otro lado, gracias a la neuocorteza podemos regular nuestros estados emocionales, analizar el entorno y a uno mismo, empatizar y conectar con los demás (capacidad para mentalizar) regular mis impulsos y mi comportamiento etc. Estas son las llamadas funciones "calientes" de la neocorteza, y son tremendamente dependientes de haber sido expuesto durante las primeras etapas de la vida a entornos afectivos y seguros.

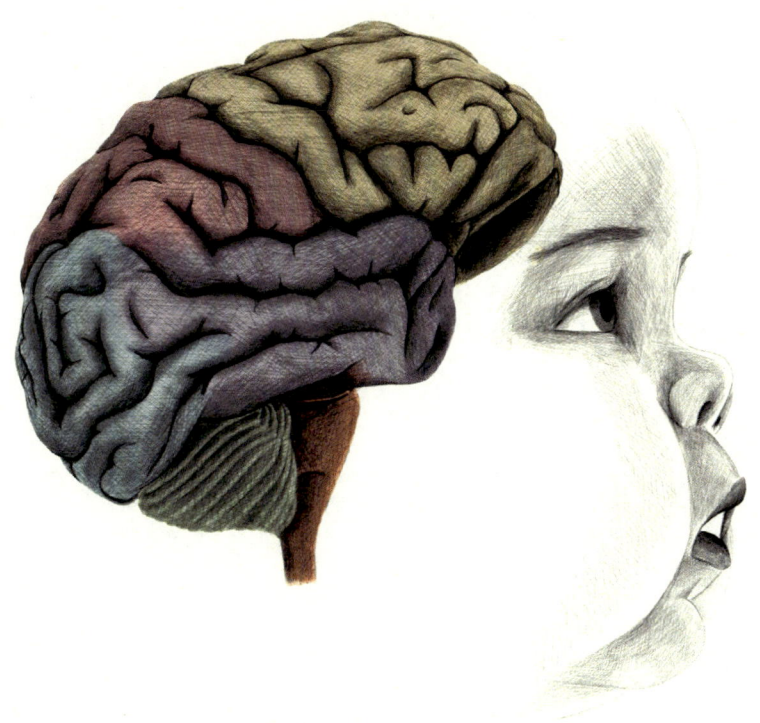

No obstante, resalto este párrafo y remarcaré que estas funciones no vienen determinadas genéticamente, sino que el destino de las mismas dependerá del aprendizaje y la experiencia siempre y cuando hablemos de niños sin alteraciones en su neurodesarrollo (TDAH, Trastornos del espectro autista, etc) en los que la zona donde residen dichas funciones ejecutivas suele desarrollarse de manera anormal, y eso, si viene determinado en gran medida por factores genéticos. No obstante, en estos casos, el aprendizaje y la experiencia también determinarán en gran parte, el destino de las mismas.

*Nota: Los trastornos del neurodesarrollo constituyen una categoría diagnóstica amplia. Hacen referencia a la afectación del sistema nervioso central debido a causas prenatales (trastornos congénitos, dificultades o problemática de la madre durante el período de la gestación, etc), perinatales (dificultades o problemas durante el parto) o postnatales (dificultades o problemas que transcurren tras el nacimiento, durante la infancia o adolescencia), o debido a varias.

Entre estos trastornos encontramos el **Trastorno por Déficit de Atención con Hiperactividad (TDAH), los Trastorno del Espectro Autista (TEA), los Trastornos Específicos del Aprendizaje (dislexia, discalculia, disgrafía), la discapacidad intelectual, los Trastornos del lenguaje y la Comunicación, los Trastornos Motores (trastorno del desarrollo de la coordinación, trastornos de tics, etc.) y el trastorno de aprendizaje no verbal.**

4.1. NECESIDADES VERSUS DESEOS

Los psicólogos dedicados a la infancia y la adolescencia siempre insistimos en ayudar a los adultos a cargo de niños y adolescentes a que puedan diferenciar entre necesidades y deseos, y lo más importante, a que ayuden a sus hijos a poder hacerlo. Así, por ejemplo, Daniel Siegel y Tina Payne Bryson exponen en su último libro, que "ceder a las necesidades emocionales de los niños no es malcriarlos, es ayudarles en su desarrollo, es darles seguridad, algo que muchas veces se confunde con deseo y no con necesidad".

Es fácil entender las necesidades del cerebro reptiliano, como tales. Es sencillo entender que un niño precisa dormir, comer, beber o estar aseado. Incluso es sencillo entender que el niño necesita aprender para desenvolverse en su entorno, necesidades del cerebro pensante.

Ahora, **sentirse aceptado, seguro, regulado, querido, respetado, importante, mirado, sentido, tenido en cuenta, entendido y valioso,** son necesidades emocionales, fundamentales para la supervivencia y para el correcto desarrollo del cerebro, y en muchas ocasiones, no se entienden de este modo, como necesidades básicas.

No es tarea fácil distinguir entre necesidades emocionales y deseos, y aquí entra en juego una cuestión importante cuando se trabaja con niños y adolescentes, y es, la historia previa de sus adultos a cargo.

Esos adultos a cargo (o la mayoría de ellos) tratarán de cubrir las necesidades lo mejor que pueden y saben, y lo harán teniendo en cuenta aquello que ellos consideran necesidades, aquello que ellos aprendieron que lo eran.

Entender esto ayudará a los padres a aprender a leer ciertos comportamientos como algo que va más allá de "llamar la atención", frase que se expresa a menudo y que se usa como cajón de sastre en el que se mete todo aquello que desagrada y perturba. La mayor parte de comportamientos entendidos como "disruptivos" esconden necesidades no cubiertas, desde las más primitivas, hasta aquellas más complejas, teniendo presente que en los comportamientos intervienen un conjunto de factores, aspecto del que hablaré más adelante.

Siguiendo al hilo de la cuestión, mi experiencia clínica me ha enseñado que en muchos de los casos considerados "disruptivos o raros en los niños o adolescentes" se esconden necesidades emocionales no cubiertas o que no fueron cubiertas como se debería.

Niños que no se han sentido y/o no se sienten valiosos, tenidos en cuenta, entendidos, mirados, y algo fundamental, regulados. Niños a los que se les ha dejado o se les deja solos con su rabia, con su miedo, no teniendo en cuenta que no tienen recursos para poder gestionarlo. Niños que buscan a gritos límites, normas, que buscan seguridad. Niños que necesitan poner palabras a algo que han sentido y que nadie ha puesto.

Evidentemente estos niños van a expresar estas necesidades y lo van a hacer con los recursos que tienen.

Si analizamos la frase **"llamar la atención"** una de las definicio nes encontradas en la RAE dice textualmente: **"Hacer que al guien se interese, se ocupe, o tome en consideración a algo o a alguien".**

Así, los seres humanos ya seamos niños, jóvenes o adultos, haremos lo que este en nuestra mano para cubrir nuestras necesidades, y no tendremos que hacerlo si estás lo están o si percibimos que lo están.

Si una persona no se siente tenida en cuenta, mirada, querida, valiosa, aceptada, etc., hará lo que esté en su mano para cubrirlo. Si un niño no percibe que esto esté, no sabrá que son necesidades, no sabrá que ocurre, su sistema actuará, y lo hará del mismo modo que si está cansado o tiene hambre.

Por otro lado, los deseos, a pesar de no ser indispensables, tienen un gran peso e importancia para la especie, por lo que debemos ayudar a los niños a diferenciarlos de las necesidades, pero no exterminárselos. Los niños tienen que aprender a manejar sus deseos, no eliminarlos. Los deseos nos permiten motivarnos, querer superarnos. Hacen referencia a todas aquellas cosas que se aspiramos conseguir, que no son imprescindibles para vivir, pero que pueden convertirse en un motor importante en la vida.

A veces, los deseos y las necesidades van íntimamente relacionados, ya que ciertos deseos pueden en realidad buscar cubrir necesidades.

Por ejemplo, un niño que desee jugar muy bien a un deporte, sacar muy buenas notas, o, por el contrario, "no hacer nada" puede que en realidad este buscando cubrir ciertas necesidades, como sentirse valioso, querido, mirado, ser aceptado, etc.

4.2. GESTIONANDO DESEOS

Lo primero a tener en cuenta esque una necesidad tiene que ser cubierta y un deseo no tiene por qué serlo.

Imaginemos a un niño pequeño llorando porque quiere un helado de chocolate que ha visto en un escaparate mientras paseaba con sus padres. El problema esque en un rato al niño le toca cenar y sus padres consideran que no pueden comprárselo. Cuando esto ocurre ¿Qué tendrían que hacer los padres?

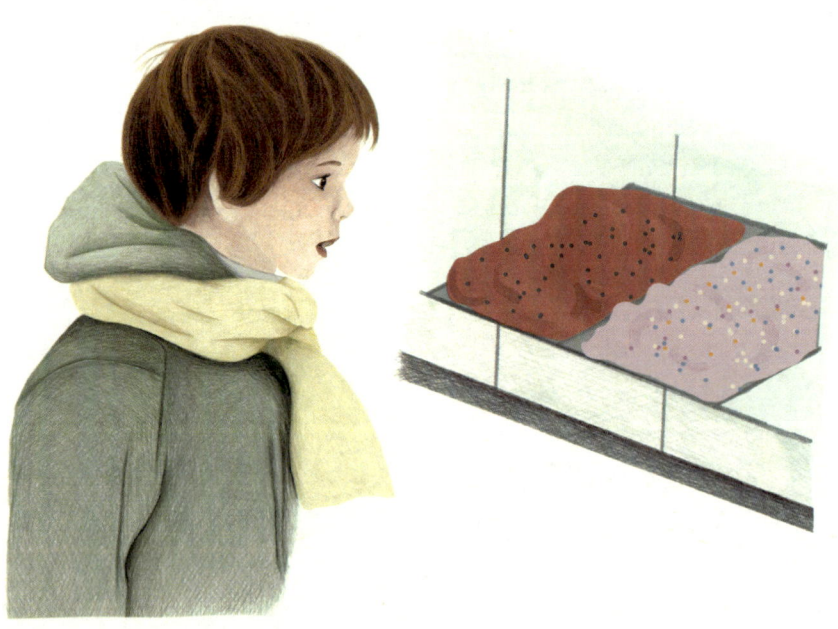

Un niño pequeño que llora desconsoladamente necesita en primer lugar que los adultos a su cargo le calmen porque un cerebro sometido de manera intensa, duradera y frecuente a altos niveles de estrés y ansiedad, sufre, se ve dañado, su desarrollo se ve comprometido. Y también, como ya hemos visto, es el primer peldaño para que pueda sentirse seguro en su entorno.

Calmar al niño del ejemplo, no sería cubrir un deseo, calmar es calmar, y comprarle el helado, es satisfacer su deseo.

Pongo otro ejemplo de una situación real que viví en consulta hace un tiempo:

> Recuerdo a un niño de 5 años que acudió a mi consulta junto con sus padres siendo el motivo de consulta, los problemas de conducta que este pequeño presentaba desde que tenía 2-3 años. En la segunda sesión de evaluación, el niño llegó totalmente desregulado porque según me comentaron, le habían negado algo que quería. Los padres aprovecharon este acontecimiento para decirme que esto era lo que ocurría casi todos los días.
>
> Ante esta situación le comenté a la mamá que el niño tenía que calmarse, no era tan importante lo que ese día se hiciera o no, sino que el niño se calmará.
>
> Su madre de manera lógica me preguntaba que tenían que hacer para que se calmará porque las rabietas además de intensas, se prolongaban en el tiempo, incluso podían durarle horas. El cerebro de ese niño sufría, y sufría mucho, porque el problema no era la rabieta, el problema era su intensidad y durabilidad. Y eso, aunque no lo parezca produce una gran inseguridad. El niño (al igual que el adulto) que no puede regularse siente una gran inseguridad.
>
> Mientras su padre salió fuera con él, le expliqué a su madre que no consistía en que le dejaran sólo o en que le dijeran que le iban a castigar, o que ya no le iban a atender...todo lo contrario, ese tipo de actuaciones incrementan el problema.

*Por supuesto el calmar a un niño no es incompatible con po-
ner límites o con transmitirle que su comportamiento tiene
consecuencias. Esto hay que hacerlo y debe hacerse, pero
una vez que se calma.*

Este ejemplo tiene sentido para entender la diferencia entre necesidades
y deseos, ya que, a pesar de que el motivo de la rabieta intensa del niño
sea la consecuencia de un deseo no satisfecho, la desregulación requiere sí o sí que ser regulada.

Esto le enseñará al niño a gestionar su frustración ante los deseos no
satisfechos. Aprenderá a calmarse en este tipo de situaciones, ya que,
irremediablemente, ante los deseos no satisfechos, siempre sentiremos
frustración, por lo que, debemos aprender a manejarla.

Cuando una y otra vez los adultos a cargo de un niño regulan y organizan
sus sentimientos ante deseos no satisfechos, le enseñarán a hacerlo a el
mismo en un futuro.

Aquí, me gusta resaltar, que es importante conseguir un equilibrio entre
satisfacer y no satisfacer deseos en un niño, ya que como dije, los deseos nos mueven de alguna manera a crecer, nos motivan y nos dicen
que también el luchar por algo en ocasiones me permitirá llegar a una
meta.

Por lo tanto, cuando llegamos a ese equilibrio con los niños, les enseña-
remos a luchar por sus deseos, a la vez que les daremos herramientas
para gestionar y manejar la frustración de poder no conseguirlos.

4.3. LA IMPORTANCIA DE LOS LÍMITES

Al hilo del apartado anterior cabe mencionar la gran relevancia que tienen los límites y las normas en la vida de las personas.

A veces el término **"poner límites"** suele tener, al igual que el término **"llamar la atención"**, connotaciones negativas.

En relación a esto yo siempre explico a padres y educadores, que una de las mayores muestras de amor que podemos hacer a nuestros niños a cargo, es precisamente esto, "ponerles límites".

Los límites nos ayudan a adaptarnos al entorno a todos los niveles, y no sólo eso, sino que los límites, de alguna manera, nos ayudan a mantener un correcto autocuidado.

Dichos límites no solo son necesarios para que simplemente "aprendamos a cumplir normas", sino para mucho más.

Los límites nos ayudan a leer y atender nuestro cuerpo y nuestras necesidades más primitivas; "tengo sueño, "estoy cansado", "necesito comer y hasta aquí estoy saciado", "necesito hablar", "necesito ayuda", etc. Todos estos mensajes, que la mayoría de ellos ya pueden darse niños muy pequeños, tienen como origen el haber tenido cuidadores a cargo que hayan ido poniendo límites para que más tarde el niño aprenda a conocer los suyos propios.

Además de loslímites como origen del autocuidado físico, están los límites como origen del autocuidado afectivo y de unas relaciones sociales saludables.

¿A qué nos referimos con esto?

El autocuidado afectivo implica entre otras cosas, tener la capacidad de regularse emocionalmente, expresar opiniones y sentimientos, pedir ayuda cuando se necesita, y decir que no, bien cuando no se desea hacer algo o bien cuando debemos frenar cualquier conducta ajena que dañe nuestra integridad. Todo esto a su vez, hace que podamos sentirnos más seguros en la vinculación con los demás.

Un niño o adolescente que no acepta límites y/o que nos los pone, no podrá mantener una buena salud y, además, no podrá tener relaciones sociales saludables.

4.4. CUANDO LAS NECESIDADES AFECTIVAS NO SON CUBIERTAS: EL TRAUMA RELACIONAL

La palabra trauma proviene de un concepto griego que significa "herida".

El trauma psicológico se conforma cuando la intensidad, la frecuencia y/o la duración del estímulo o la situación exceden los recursos que en momento dado tiene una persona para integrar y procesar lo sucedido de una forma adaptativa, siendo el impacto que causa lo más relevante, es decir sea lo que sea lo que haya sucedido, no es lo más importante, sino el impacto causado en la persona que lo haya sufrido.

Desde la perspectiva EMDR, abordaje terapéutico centrado principalmente en el tratamiento de experiencias traumáticas que generan malestar e interferencia significativa en la vida de las personas, podemos distinguir entre traumas con T mayúscula, es decir, traumas causados por situaciones potencialmente peligrosas que ponen en riesgo la supervivencia y la integridad física de la persona. Lo característico de este tipo de traumas es que la intensidad de la experiencia es muy elevada, pero la frecuencia y la duración es corta (sucede normalmente una vez).

Nos referimos por tanto a experiencias como un accidente, una agresión de cualquier tipo (física, sexual y/o verbal), una catástrofe natural, etc. Los traumas con "t minúscula" (o traumas relacionales) son aquellos generados en etapas tempranas de la vida causados por relaciones con las primeras figuras de apego basadas en estilos de crianza autoritarios y permisivos o negligentes, relacionados con un entorno social nocivo.

No necesariamente en estas relaciones ha tenido porque existir abuso o violencia física, por ejemplo, hay otras circunstancias muy nocivas que también podríamos encasillar como generadoras de este tipo de trauma, como:

- Relaciones entre otras, en las que se le otorga a un niño un rol no correspondiente a su edad (fenómeno de parentificación del que hablaremos más adelante)

- Relaciones en las que se refuerzan una serie de sentimientos y no otros, en las que el niño ha percibido que estaba mal sentir o pensar de una determinada manera, relaciones en las que no han existido límites claros y estables,

- Relaciones en las que el niño se ha sentido rechazado, "no visto", desprotegido, etc.

Lo característico de estos traumas es que en algunas ocasiones, de forma aislada y/o puntual, pueden no presentar una intensidad relevante, como si la presentan los llamados traumas con T mayúscula (accidentes, atracos...), la frecuencia y la duración es dilatada en el tiempo, y esto es lo que genera una mayor "herida". Son heridas que van calando poco a poco hasta crear un "gran agujero".

Por otra parte, suelen generarse como comentamos anteriormente, de forma temprana en etapas en las que el sistema nervioso se encuentra en pleno en desarrollo, por lo que estas experiencias determinarán en parte, como se desarrolle el mismo.

También puede suponer un trauma infantil acontecimientos como una imagen impactante de una película o la muerte de un familiar, ya que los niños tienen escasos recursos cognitivos para entender e integrar determinada información, es decir, tienen dificultades para poder dar (debido a su corta edad) una narrativa a eso que ven, que escuchan o que les cuentan.

Todas estas situaciones pueden provocar que en los niños se instalen creencias del tipo "no estoy seguro", "estoy en peligro" "estoy sólo", "no soy suficiente", "no soy querido", "no soy importante", etc., que impactan en todo el desarrollo y en los hitos que deben ir alcanzando y que por supuesto, llegan a la vida adulta.

Dentro de los traumas con "t minúscula" o también llamados traumas relacionales podemos distinguir diferentes tipos:

- **Trauma de apego**: Este tipo de trauma se da como consecuencia del tipo de relación que se establece con los principales cuidadores o figuras de apego (normalmente padre y madre). Se genera a partir de fallos por parte de estas figuras en cuanto a cómo han ayudado al niño a calmarse y a cómo han conectado con sus necesidades a lo largo de los años, es decir, no se genera si estos fallos se producen "a veces" o si cuando se producen son reparados.

Estos fallos pueden ir por tanto desde no acompañar al niño en sus emociones y en su exploración a no "ver" o conectar con lo que ese niño necesita. Si nos remitimos a la jerga del círculo de seguridad parental en este tipo de trauma el niño no ha tenido una base segura donde sostenerse, ni ha sentido que hubiese un refugio a salvo donde acudir.

Algo característico de este trauma esque es muy sutil, y en la mayor parte de los casos, hay una buena intención por parte de los cuidadores que lo provocan. En la persona no suele dejar una huella explícita, sino emocional y somática, por lo que es complejo acceder a él y ponerle palabras.

Los fallos a hora de regular al niño se generan especialmente cuando los cuidadores tienen dificultades para manejarse con determinadas emociones, en especial, con el miedo, la rabia y la tristeza. No conectan ni regulan adecuadamente con estos estados en ellos mismos, lo que hace que cuando el niño a cargo se siente de esa forma lo "dejen sólo con ello", o en otros casos le castiguen.

Esta falta de regulación a largo plazo hace que haya personas que vivan en alerta interna permanente.

- **Trauma preverbal**: Se llama rauma preverbal porque estas heridas se producen antes de que el niño tenga lenguaje. Va desde el útero materno hasta el año o año y medio de vida, por lo tanto, se acoge a todo lo que en ese período pueda ocurrir. Está relacionado con el síndrome de estrés postraumático en el recién nacido y con el trauma de apego.

- **Trauma de desarrollo**: Este tipo de trauma lo podemos ver especialmente en niños que han sufrido adversidad temprana, como son muchos de los niños que son acogidos y/o adoptados. Es similar al trauma de apego, pero aún más grave y complejo que éste.

4.5. ¿CÓMO SE PUEDEN MANIFESTAR LOS TRAUMAS?

Los niños con trastorno de estrés postraumático muestran una respuesta exagerada de sobresalto, inquietud e intranquilidad constante, así como escasa tolerancia al estrés. Esta sintomatología fisiológica, fue denominada "fisioneurosis" por Abram Kardiner en 1941, tras estudiar a veteranos de guerra, estudios que permitieron extraer un patrón sintomatológico en personas expuestas a situaciones altamente traumáticas.

Según diversas investigaciones, algunas personas que experimentan traumas relacionales suelen "no recordar" parte o partes de su infancia. Además, tendrán grandes dificultades para crear y mantener relaciones interpersonales saludables.

Para contextualizar un poco esto último es importante señalar que tanto el querer como el poder configurar relaciones afectivas seguras y saludables está relacionado con el funcionamiento del cerebro. A su vez, las estructuras cerebrales gracias a las cuales las personas podemos crear y mantener relaciones se desarrollan principalmente durante los primeros 3 años de vida.

Así, las experiencias vividas durante estos años, unidas a la predisposición genética, la cultura, etc., son factores responsables de cómo se desarrollen estas regiones para que podamos a lo largo de la vida crear y mantener relaciones afectivas saludables.

En el caso de niños (y adultos) sometidos a experiencias traumáticas durante los primeros años de vida, una de las principales manifestaciones que encontramos los terapeutas de manera muy significativa, es una gran dificultad para crear y/o mantener vínculos afectivos saludables.

Este tipo de casos son muy complejos a la hora de trabajar en psicotera-pia, pero se pueden trabajar, siempre se puede. De hecho, hay personas y familias que han llegado a decirme textualmente, (como comenté en el capítulo 1), "me has salvdo la vida", "nunca me había sentido tranquilo y ahora lo estoy, me parece magia" y esque así es como se percibe, como un **volver a nacer y sentir**.

Es un reactivar para que puedan desarrollarse muy despacito estas es-tructuras que no pudieron hacerlo cuando tenían que hacerlo. Es toda una "cirugía de alto riesgo" y que requiere un gran trabajo personal y téc-nico por parte del terapeuta.

Con las condiciones adecuadas y paciencia, en muchos casos estas personas logran vincular de forma saludable y sentirse en paz con ellas mismas.

4.6. ¿POR QUÉ PARA ALGUNAS PERSONAS LAS CONSECUENCIAS DE LAS EXPERIENCIAS ADVERSAS SON MÁS GRAVES QUE PARA OTROS?

Esta pregunta es constante fuera y dentro de la consulta, y mi respuesta ante ello es siempre la misma.

Cada persona es distinta, cada persona tiene una composición genética distinta, y a su alrededor, una serie de factores externos que pueden determinar el impacto de los acontecimientos adversos vivenciados.

También, puede ocurrir, que haya respuestas de supervivencia aprendidas, que a simple vista sean "menos floridas", lo cual, no siempre significa que sean saludables y/o adaptativas.

Al hilo de esto, resaltaré que lo expuesto podemos verlo especialmente en adolescentes y/o adultos, pues ya llevan en su mundo interno esa fuerte impronta que hace que las respuestas sean menos dependientes del entorno.

Entonces, podemos tener personas cuya respuesta principal ante las amenazas y/o conflictos sea la de "disociarse del problema", no hablarlo, no comunicarlo, no manifestar de forma explícita sus emociones, etc., y actuar con esa firme creencia de "hay que ser fuerte" "no pasa nada" "yo no necesito nada", frases que al lector les serán familiares porque se escuchan a menudo.

Son respuestas de supervivencia que a la persona habituada y a las personas que tienen alrededor, pueden generarles la falsa creencia de que todo está bien para él o ella. Son respuestas cuyos efectos se comienzan a hacer más evidentes a largo plazo o de formas encubiertas (sobresaltos, crisis de ira, problemas digestivos, problemas para dormir, problemas metabólicos, dificultades a la hora conectar emocionalmente con los demás, problemas alimentarios de diversa índole, etc.) y que además desprotegen mucho a la persona que las da, pues muchas veces, en este tipo de personas algo que se observa a menudo, es que se mantienen en situaciones que impiden cubrir sus necesidades básicas.

También tenemos a personas que se desconectan de sí mismo y entonces se defienden atacando a los demás, ya que en el momento en el que una persona confronta opiniones y/o conductas actúan con la firme convicción de que la otra persona es el problema y que no es está siendo entendido, sin poder tomar consciencia de sí mismo en ese momento.

Por otro lado, existen personas cuya manera de responder ante las adversidades es mediante conductas desbordantes y tremendamente autodestructivas (teniendo en cuenta que las anteriores también lo son). Son personas que utilizan la agresión directa hacía sí mismo o hacía los demás o que de manera explícita "huyen" de las situaciones mediante la realización de conductas antisociales (robo, escándalo público, peleas, etc), adicciones de todo tipo (sustancias, juego, compras, sexo, etc).

Respecto a aquello que mencionaba en cuanto a otros factores que influyen en el momento en el que ocurren o se viven las experiencias adversas, las investigaciones de Bruce Perry (psiquiatra infantil) han puesto de manifiesto que una experiencia adversa o varias de manera aislada no tienen por qué determinar el desarrollo o la vida de un niño.

Hay otras experiencias muy influyentes que pueden amortiguar las consecuencias. En particular, l**a presencia de adultos seguros y disponibles en el momento del trauma, la edad del niño cuando ocurren los acontecimientos, la calidad y cantidad de sus vínculos, y el temperamento, determinaran en gran parte el impacto.**

CAPÍTULO 5

El maravilloso vínculo de apego

*"El amor que un bebé siente por sus cuidadores es tan profundo
como la conexión romántica más intensa. De hecho, el patrón
de memoria de este primer vínculo es el que permitirá establecer relaciones íntimas saludables en la edad adulta"*
– Brucy Perry –

Dentro de las necesidades básicas, expuestas y explicadas en el capítulo anterior, se encontraría el apego, el cual, lo enmarca-mos dentro de las necesidades emocionales o afectivas.

Según Bowlby (1969) el apego es el vínculo afectivo que se genera entre el niño y sus cuidadores a lo largo de las interacciones que mantiene con ellos a lo largo de los años. Este vínculo no se genera para cumplir funciones concretas, sin embargo, una vez generado cumple dichas funcio-nes y se caracteriza por una conexión profunda emocional, psicológica y personal que proporciona al niño una sensación de seguridad, dicha sensación será la que no ayude a vivir nuestra vida seguros y en calma, a tener una "sensación interna" de calma y seguridad.

Es una necesidad básica del ser humano, primordial para la supervivencia, por lo que nunca podrá decirse que una persona no tenga apego, todas las personas lo tenemos, de alguna u otra forma, ya que, el ser humano nace completamente inmaduro y necesita de otro que lo cuide, lo proteja y lo acompañe en el proceso de maduración, funciones que se llevarán a cabo gracias al vínculo afectivo que se establezca entre los cuidadores principales y el niño/a. Se basa, por tanto, en la necesidad que tiene el niño de seguridad y de protección.

Los seres humanos, al igual que todos los mamíferos dependemos de una madre que nos alimente y nos regule, y en el caso de los mamíferos humanos esta premisa es mayor, ya que la mayor parte de nuestro cerebro se desarrolla fuera del útero materno. El volumen del cerebro de un recién nacido no supone más del 25% del volumen que tendrá en la edad adulta. En los chimpancés, sin embargo, alcanza un 45%, y este porcentaje aún es mayor en el resto de los mamíferos.

Esta inmadurez nos hace aún más dependientes del primer hábitat que es el cuerpo de la madre. Todas las acciones que realiza el bebé, y las que no realiza, tienen sentido desde la adaptación asu primer hábitat para el que viene preparado biológicamente, y este no es otro que el cuerpo de su madre.

En el 2005 Bowbly descubrió que se activaba en situaciones de dolor, fatiga, miedo o baja responsividad (baja respuesta) de la figura de apego. Esto último significa que cuanto menor respuesta ante la conducta de apego del niño tengan los cuidadores, más intensa será dicha conducta.

Lo mencionado anteriormente se dará si sucede durante un tiempo determinado, esto es, el niño, tras un tiempo de baja respuesta o respuesta fallida por parte de los cuidadores, "apartará" esta necesidad, o, dicho de otro modo, se habituará a no obtener respuesta o a que la respuesta que obtiene no es la que necesita y dejará de activar dicha conducta.

Para remarcar la importancia del apego en todos los mamíferos comentaré brevemente un artículo que leí en una **revista digital llamada Zoorprendete**, el cual me enterneció a la vez que me reafirmo la gran importancia del apego.

El artículo contaba la historia de un elefante recién nacido que había sido rechazado, incluso lastimado por su madre nada más nacer. Estos elefantes no eran salvajes, sino que vivían en cautiverio. El que su madre reaccionará de ese modo tenía una explicación biológica y evolutiva, por un lado, se sentía muy dolida tras el parto, a la vez, que, sin apoyo de otros elefantes, algo que entre estos animales precisan para sacar adelante a sus crías.

Los cuidadores tuvieron que separar a la cría de su madre en dos ocasiones para que su madre no le hiciera daño, y a pesar de ello, la cría lloraba desconsoladamente. Llorando durante cinco horas seguidas la segunda vez que le separaron de ella.

Las dos veces que le separaron de su madre, los cuidadores le proporcionaron todos los cuidados, además de intentar calmarlo. Y, aun así, la cría sufría mucho.

Finalmente lograron calmar el dolor de la madre y estabilizarla y pudieron juntarla de nuevo con su cría.

El apego genera modelos internos en cuanto a creencias y expectativas del yo, los otros y las relaciones, que se conforman alrededor de la accesibilidad y sensibilidad del cuidador. Estas creencias y expectativas pueden "reactivarse", afectando a las emociones, pensamientos y reacciones conductuales el niño.

5.1. PILARES DEL APEGO

El apego se sustenta sobre dos pilares, siendo el primero, determinante para el otro. Dicho de otro modo, es una tabla que se sustenta sobre dos patas, y de lo firme que sea una de ellas, la otra se tambaleará más o menos. Estos pilares son la regulación emocional y la conexión emocional.

5.1.1. REGULACIÓN EMOCIONAL

Cuando hablamos de regulación emocional, hablamos de la capacidad de autorregular nuestras emociones, y para que un niño aprenda a autorregularse, necesita a un adulto que, en primer lugar, este regulado y sepa hacerlo consigo mismo, para que, de este modo, pueda enseñar al niño a hacerlo a través de un proceso que llamamos corregulación o regulación diádica.

Así, la regulación emocional no es un proceso automático, es algo que se va aprendiendo poco a poco.

Cito textualmente a Manuel Hernández (2020) en uno de sus artículos sobre la corregulación emocional desde la neurobiología:

"Por la espalda tenemos dos nervios que llamamos "simpático" y "parasimpático". El sistema simpático es un activador de energía que provoca excitación y movimiento. Se relaciona con las respuestas de lucha/huida. El sistema parasimpático conserva la energía. Está relacionado con estar inmóviles, por relajación o por miedo. Y es un sistema de conservación de energía. Este sistema funciona como tantos otros en el cuerpo por "opuestos", si uno sube el otra baja.

Ahora imaginemos un bebé de un año, que su papá juega con él tirándolo al cielo y cogiéndolo cuando cae. El niño se ríe a carcajadas y disfruta de la sensación de miedo y seguridad que se da. Es excitante y divertido. La mamá llega y coge al bebé para bañarlo y no quiere, está pasándolo bien y quiere seguir, pero la mamá lo calma y lo baña. El bebé come algo y cae profundamente dormido mientras alguno de los papás lo mece y el bebé exhausto cae rendido.

Esto es regulación emocional, uno excita el sistema simpático (juego, peligro, excitación) y otro el parasimpático (limpieza, comida, calma) de forma adecuada.

Esto regula el sistema nervioso en un juego de equilibrios que permite aprender a excitarse y calmarse de forma adecuada".

A veces, desearíamos que los niños pudieran nacer con determinadas capacidades y habilidades, pero no es así. Absolutamente todo lo que hacemos y lo que somos se adquiere y desarrolla a través de la experiencia, experiencia que interacciona con las tendencias temperamentales (genética) y nuestra cultura.

Explicaré esto de manera más detallada, remitiéndome a un artículo que escribí hace tiempo para mi página web:

Las personas nacemos con un temperamento (predisposición genética) el cual depende de la herencia de los genes de los padres, y de todo lo que haya pasado durante la gestación (consumo de fármacos y/o tóxicos, falta de cuidados, nivel de estrés...), lo que conocemos por factores prenatales. Esto último interacciona con los genes y configura el temperamento, el cual determinará el cómo reaccionamos a las diferentes experiencias y/o situaciones.

Existen personas cuyo sistema nervioso es como un mar bravo, cuyas olas son grandes y muy frecuentes, esas olas que parecen que no paran nunca. En cambio, hay otras cuyo sistema es como un lago, tranquilo y en el que sus aguas se mueven con determinados estímulos, de por sí, está tranquilo. Como parece evidente, ante una misma vivencia estosdos sistemas reaccionarán de una forma diferente.

Por ello, es fundamental tener en cuenta cómo funciona el sistema de una persona, y como yo digo a mis pacientes, «puedes regularte, siempre puedes y lo vas a conseguir, sólo que tu necesitas un crucero y quizás a otro le basta con un pequeño barco».

Por otro lado, y quizás más importante si cabe, tenemos nuestra experiencia. Nuestra personalidad (creencias, afectividad, comportamiento) se va a ir conformando a lo largo de nuestra vida mediante la interacción de la experiencia con nuestra predisposición genética.

Independientemente de nuestra genética, el ser humano nace con una "mente vacía", tenemos que aprender prácticamente todo, y la REGULACIÓN EMOCIONAL es un aprendizaje más.

¿Y cómo aprendemos esto?

Siempre de un otro. Durante nuestra infancia necesitamos necesariamente un entorno seguro y unos cuidadores saludables para que aprendamos a regularnos de manera adecuada.

¿A qué me refiero con regularse de manera adecuada?

Las personas nacemos programadas para buscar la homeostasis, de manera que, si a lo largo de nuestra vida no hemos tenido experiencias reguladoras satisfactorias y hemos vivido en un entorno perturbador y/o estresante, nuestro sistema nervioso intentará llegar al equilibrio de diferentes formas, pero probablemente, poca adaptativas. Así, hay personas que desarrollan estrategias de evitación (no expresión de emociones, consumo de sustancias...) buscando alejarse de todo aquello que les inquieta y les produce malestar. Otras comienzan a desarrollar un repertorio de estrategias de control sobre el entorno, sobre ellas mismas y/o sobre las personas que están a su alrededor, en una búsqueda de seguridad y de sostén (la falta de regulación interna buscan encontrarla fuera). Hay otras que se aferran constantemente a otra u otras personas, pues tienen la firme creencia que nada pueden hacer si no hay otro que los "supervise" (dependencia emocional). Y, por último, hay personas que conforman un mecanismo llamado disociación (desconexión) cuyo objetivo es alejar de la conciencia recuerdos, experiencias vividas, incluso partes de sí mismas.

La regulación emocional, por tanto, se relaciona con todo el proceso concerniente con la percepción de las emociones, el contacto con las mismas y su modulación. Este concepto está ligado al de ventana de tolerancia, que es el nivel de activación que cada persona precisa para elaborar la información que le llega (Ogden, 2000; citado en González y Mosquera, 2021).

Nota: El temperamento se refiere a rasgos de comportamiento o patrones de reacción que son estables en el tiempo. Las bases del temperamento han de buscarse en parámetros de reacción típicos del sistema nervioso: umbrales de excitación, niveles de irritabilidad, capacidad de autorregulación y homeóstasis.

El temperamento por así decirlo tiene que ver con la forma en la que reacciona el sistema nervioso de una persona ante el ambiente y viene determinado por los genes. Es decir, cuando nacemos, nacemos con un temperamento determinado, el cual puede moldearse, pero es bastante estable.

Según Allport si analizamos el temperamento lo que hacemos es "ver la forma", no el contenido, una forma que tiene que ver con el sistema nervioso que se desarrolló intraútero gracias a la carga genética.

5.1.2. EMOCIONES BÁSICAS

Las emociones básicas, son respuestas preprogramadas con las que nacemos y son fundamentales para garantizar la supervivencia. Son universales y las compartimos también con el resto de mamíferos. De estas se desprenderán el resto de emociones complejas que somos capaces de sentir.

Fueron descubiertas en el año 1970 por el psicólogo Paul Eckman, quién identifico seis emociones básicas: **Miedo, Rabia, Tristeza, Alegría, Asco y Sorpresa.**

El miedo es una emoción primaria, básica, cuya principal función es protegernos de todo aquello que pueda poner en peligro nuestra vida.

Los miedos cumplirán una función fundamental en la infancia, pues permitirán a los niños protegerse. Irán cambiando dependiendo de la etapa evolutiva en la que se encuentre el niño/a, y desaparecerán poco a poco a medida que vaya madurando. No obstante, hay determinados miedos, como el miedo a la separación de los padres, a quedarse solos, y a la oscuridad, que se mantendrán durante varias etapas del desarrollo.
La rabia, al igual que el miedo, se activa cuando hay una amenaza y prepara al organismo para la lucha y la confrontación.

Hace miles de años, nuestros ancestros necesitaban que el organismo aumentará a grandes niveles su energía física porque la forma de defender el territorio requería de una lucha cuerpo a cuerpo.

El problema esque esa respuesta que necesitaban dar nuestros ancestros, no la necesitamos en la mayoría de los casos en la actualidad. No obstante, es una respuesta preprogramada con la que nacemos y tenemos que reprogramarla para vivir en la sociedad de hoy en día.

La regulación emocional a este respecto no sólo determinará cuánta rabia podamos llegar a sentir, sino cómo la expresamos cuando la sentimos.

La alegría nos ayuda a que nuestro organismo se llene de energía. Es percibida como agradable, y suele aparecer cuando sucede algo que satisface, cuando lo que vivido supone una ganancia. Predispone a compartir con los demás, despierta la curiosidad, focaliza la atención, empuja a la acción, y está muy relacionada con la motivación.

El asco se activa cuando el organismo detecta que está ante un alimento, un objeto, o una situación que puede llegar a ser tóxico para nosotros. Además, como expresa Alberto Acosta, 2007, el asco precede al miedo, ya que si siento que he podido intoxicarme sentiré miedo. Gracias a esta emoción y a la evitación o repulsión que conlleva, será bastante más improbable que me acerque a aquello que puede ser tóxico.

La sorpresa nos permite afrontar situaciones inesperadas. Es la emoción que antecede a las otras, y al igual que otras emociones nos predispone para la acción. Así, si, por ejemplo, vamos cruzando la calle y de repente aparece un coche esto nos sorprende y experimentaremos sorpresa-miedo o si alguien nos dice algo que no nos gusta experimentaremos sorpresa- rabia.

Aunque todas estas emociones son fundamentales para la supervivencia de la especie, el miedo y la rabia son las determinantes. Son aquellas que componen el sistema de acción de defensa (del que hablaremos más adelante) de la especie, y por ende, comparten del mismo modo los componentes que precisan de una especial atención y gestión. Estos componentes se exponen a continuación:

- **Descarga**: El sistema acumula energía que le prepara para huir o luchar. Energía que precisa ser descargada. En palabras de Norberto Levy, 2006, "la función de la descarga es equivalente a abrir la válvula de escape de una olla a presión". El miedo y la rabia producen en el organismo un intenso aumento de adrenalina y cortisol que permite huir y/o luchar.

Esta fase es fundamental, y el cómo se lleve a cabo, determinará el destino de los otros componentes.

- **Expresión**: La expresión de la emoción dependerá de la descarga de energía que ha conllevado la misma. Nuestro organismo se llena de energía porque entiende que la precisa, pero como se comentó anteriormente, en la sociedad actual, no precisamos esa cantidad de energía, no obstante, seguirá ocurriendo sino enseñamos al organismo a lo contrario. Si actuamos atendiendo a ese nivel de energía, que nos prepara para nuestra supervivencia, la expresión será irremediablemente la lucha o la huida. La respuesta fisiológica de nuestras emociones podrá verse atenuada o agravada según se dé la secuencia descarga-expresión.

- **Resolución**: Una vez que se expresa la emoción, nuestro organismo volverá a estar en calma.

La **guía ATRAPA** (2009) expone que desde el punto de vista filogenético hay tres etapas en la aparición de la respuesta emocional.

- La primera más básica y universal, presente en cualquier animal, la podemos llamar etapa del miedo. Sin ella, la vida está comprometida. Sin esta etapa la vida sería muy corta.
- La segunda etapa también asienta sobre la necesidad de supervivencia, es propia de animales de sangre caliente y aparece con el cuidado parental, la crianza y el vínculo. Sin embargo, este avance en la evolución de la especie tiene el inconveniente de la aparición de un nuevo tipo de miedo: el miedo al abandono, la pérdida, el desapego y, en fases más evolucionadas, el miedo a la pérdida de amor.
- La tercera lleva implícito el desarrollo de la capacidad simbólica de la que el lenguaje es su principal expresión. El lenguaje nos da la capacidad de anticipar, crear fantasías y transmitir pensamientos.

5.1.3. SINTONÍA O CONEXIÓN EMOCIONAL

Otro de los pilares del apego es la conexión emocional.

¿En qué consiste la conexión emocional?

La conexión emocional es a lo que yo llamo "nuestro pepito grillo", y este "pepito grillo" necesita necesariamente que la persona este calmada para que su voz pueda escucharse, es decir, el niño sólo podrá conectar con sus necesidades y con la situación, si su nivel de activación está ajustado. Del mismo modo que ocurre con el primer pilar, el niño necesita a un adulto que sea capaz de conectar con sus propias necesidades para que pueda hacerlo con el otro.

Para mostrar de una manera visual y sencilla que es esto de la sintonía o conexión emocional siempre muestro en las charlas que doy sobre apego y/o psicología perinatal el experimento denominado **Still Face o "cara inmóvil" llevado a cabo por el doctor Edward Tronick.**

En dicho experimento, realizado en el año 1978, un bebé de aproximadamente 8 o 9 meses sentado en una trona interactúa con su madre, la cual le mira, le sonríe y entra en su juego, sin embargo, en un momento dado, la madre gira la cara y cuando vuelve a ver al bebé deja de "mirarle", le ve, pero no le "mira", deja de sonreírle y de entrar en su juego, es una mamá que está allí, pero emocionalmente está completamente desconectada. Lo que vemos ante esto es que el bebé cuando se da cuenta de que su mamá deja de estar presente, comienza a inquietarse, mira hacia todas partes como "buscando una respuesta ante lo que pasa con mamá", mueve los brazos indicando protesta, se hunde en el asiento y finalmente rompe en llanto. Es en este punto cuando la madre de nuevo empieza a interactuar nuevamente con el bebé, restaurando y reparando la conexión. Este bebé no tarda en regularse, porque se partía de un buen vínculo, se eligió un bebé y a una mamá con un buen vínculo.

Ante esto siempre explico a los padres que por supuesto esto supone un daño en el desarrollo, cuando es o ha sido lo habitual en ese vínculo.

De estos dos pilares dependerá la seguridad que sienta el niño para explorar el mundo. El primero le aportará la base segura para volver a la calma y esto le dará a su vez, la capacidad para conectar con aquello que necesita. Este aprendizaje, por supuesto, no se aprende y desaparece, sino que llegamos con él a la vida adulta.

El sistema nervioso se organiza y madura gracias a la regulación emocional mutua y a la interacción sintónica, lo que permite a su vez cubrir adecuadamente las necesidades afectivas.

En palabras de Dolores Mosquera (2018) *"cuando las experiencias de sintonía y regulación diádica no existen y alguien* "no es visto", las consecuencias pueden ser devastadoras. La "falta de" sintonía y regulación emocional diádica tiene consecuencias negativas en la edad adulta, aunque puede que no haya recuerdos de esas experiencias.

La falta de sintonía conduce a la negligencia, incluso cuando la intención no sea "hacer daño".

Esto casa con el concepto de mentalización el cual mencionamos en el capítulo uno.

La mentalización es la capacidad de analizar y entender nuestro comportamiento y el de los demás a través del análisis y la comprensión de los estados mentales (pensamientos, creencias, emociones, deseos, intenciones...).

Anthony Bateman, uno de los principales impulsores del concepto, la define como: *"verme a mí mismo desde fuera y ver al otro desde dentro"*. Las dimensiones de la mentalización son:

• **Implícita vs. Explícita**: La mentalización implícita es rápida, suele ser un acto reflejo y no exige gran atención, intención ni esfuerzo. La explícita implica un proceso que exige atención, conciencia y esfuerzo.

Dependiendo de la situación en la que estemos requeriremos activar una u otra.

Por ejemplo, si un niño ha tenido un problema y lo está contando a sus padres, éstos tendrán que activar una mentalización explícita para prestar atención a lo que ocurre a pesar de la gran activación emocional que pueda presentar su hijo en ese momento.

•**Yo vs. Otros**: Poder mentalizar sobre nuestros estados mentales propios nos permite entrar en contacto con nosotros mismos. Poder poner el foco en el otro es fundamental para poder empatizar de forma cognitiva (entender que le pasa, que siente) y afectiva (conectar con esa emoción para poder acompañarla, calmarla).

• **Emocional vs. Cognitiva**: Al hilo de la dimensión anterior, la empatía cognitiva se refiere a reconocer, identificar y razonar sobre los estados mentales. Por otra parte, la empatía afectiva permite comprender y conectar con las emociones asociadas. Poder identificar y conectar con las emociones es imprescindible para empatizar con los demás y para tener un sentido de sí mismo congruente.

• **Externa vs. Interna**: Mentalizar puede realizarse a través de lo que vemos y/o observamos (expresiones faciales, gestos, tono y velocidad a la hora de hablar...) o internos a través de lo que sabemos de ellos o de la situación que se esté dando en un momento dado.

Veamos un ejemplo que ayude a entender mejor el papel de la conexión emocional y la mentalización (para el ejemplo me he basado de cierta forma en el **experimento Still Face** expuesto anteriormente):

Imaginemos una niña pequeña, de 3 años, que llora desconsoladamente porque su mamá no participa en el juego con ella. La mamá está allí y le habla, incluso le acerca los juguetes para que juegue. La niña necesita que su mamá comparta ese juego con ella, que se ría con ella y disfrute, necesita sentir a su mamá. Ante el llanto duradero de la niña su madre decide ponerse a jugar con ella, y la niña poco a poco comienza a calmarse. Pero su mamá no la mira, no le sonríe, no disfruta con ella, finalmente, no conecta con su necesidad, la mamá soló trata de regular el llanto de la niña porque cree que la niña en ese momento "tiene antojo de jugar" y que eso será suficiente.

Al poco tiempo, la niña comenzará a desmotivarse en el juego y dejará de hacerlo. La mamá ante esto piensa sobre lo rápido que se ha cansado la niña y también dejará de hacerlo.

Lo que ha ocurrido en este ejemplo esque ha fallado la conexión emocional, que es el pilar que permite cubrir las necesidades que están debajo de la desregulación emocional de los niños.

Está niña precisaba sentirse mirada, que disfrutarán con ella, que compartieran sus ganas de jugar.

De ahí la sensación de algunos adultos de que sus hijos son incansables, que nunca se conforman, que nunca es suficiente lo que hagan y el tiempo que pasan con ellos, y la famosa frase de siempre está intentando "llamar la atención".

Por tanto, si un niño no percibe cubierta su necesidad al principio desplegará todo un repertorio de conductas con respecto a ello, y quizás, puede llegar un momento en que deje de actuar y la conducta comience a ser "el no hacer nada", lo que le sucedió a la niña del ejemplo.

Si esto se da una y otra vez a lo largo de la infancia, el niño crecerá con una sensación que cuando llegan a consulta, normalmente en la preadolescencia-adolescencia, te describen como vacío, sentimiento de vacío, que no saben por qué está, ni cómo llenarlo.

Generalmente se debe entre otros factores que pueden incidir en ello a experiencias reiteradas en las etapas tempranas de la vida de desconexión emocional con sus figuras de apego.

5.1.4. EXPLORACIÓN

Basándome en los conceptos del círculo de seguridad (1998) estos pilares constituirán la base con la que el niño llevará a cabo su exploración.

Como su propio nombre indica, la exploración se refiere a la forma en la que el niño explora el ambiente, exploración que es imprescindible para su desarrollo (motor, cognitivo, lingüístico y socioemocional). Esta exploración es inminente en el ser humano, y el cómo se lleve a cabo dependerá de la calidad de los otros dos pilares (la regulación emocional y la conexión).

5.2. TIPOS DE APEGO

Hablar de los tipos de apego no es tarea fácil, y tampoco es algo de todo o nada, más que de tipos de apego, debemos hablar de estilos de apego.

Para explicarlo me remitiré al estudio realizado por la psicóloga Mary Ainsworth en el año 1960 que dio lugar a la actualmente conocida como la técnica de la situación extraña. A partir deella se evidencian diferentes modelos de apego.

Esta autora descubrió en su trabajo con niños en Uganda, que las diferencias en la calidad de las interacciones madre e hijo influyen y condicionan el desarrollo de estos estilos.

El fin del estudio era determinar la naturaleza del estilo de apego en niños de un año de edad en adelante. Implicó estudiar las interacciones naturales entre el cuidador y el niño o niña en presencia de juguetes, el comportamiento del niño ante las separaciones breves del cuidador y encuentros breves con un individuo extraño y el comportamiento de episodios de reunión con el cuidador una vez el niño haya estado separado de él y junto con el adulto extraño.

El estudio se realizó con una muestra de 100 familias estadounidenses de clase media,con bebes de entre 12 y 18 meses.

Los pasos del procedimiento eran:

1. Madre, bebé y experimentador.
Se introduce a la madre y al bebé en una sala experimental con juguetes.

2. Madre y bebé.
El bebé se explora el entorno. La madre no participa de la actividad.

3. El extraño se une a la madre e hijo.
Entra en la sala un extraño mientras la mama sigue en la sala. Más tarde la mamá deja al bebé y al extraño solos.

4. La madre regresa y el extraño se va.
La madre entra, saluda y reconforta al bebé, intentando que éste vuelva a su actividad de juego.

5. La madre se va, abandonando al bebé.
Segunda fase de separación.

6. Vuelve el extraño.
Continúa la separación de la madre, pero ahora entra el extraño para intentar interactuar con el bebé.

7. La madre regresa y un extraño se va.
Es elsegundo episodio de reencuentro en el que entra la madre, coge al bebé en brazos y el extraño se va.

El estilo de apego se tuvo en cuenta basándose en cuatro comportamientos principalmente:

- **Proximidad y búsqueda de contacto.**

- **Conexión emocional (contacto mantenido en el tiempo)**

- **Evitación de la proximidad y el contacto.**

- **Rechazo al contacto (dificultad para conectar emocionalmente) y a la reparación.**

Teniendo en cuenta dichos comportamiento se detectaron 4 estilos diferentes de apego, que a su vez se dividieron en dos categorías:

- **Apego seguro.**

- **Apego inseguro.**

Tres de los apegos pertenecen a la categoría de apego inseguro y estos son:

- **Apego inseguro evitativo.**

- **Apego inseguro ansioso-ambivalente.**

- **Apego inseguro desorganizado.**

A continuación, explicaré cada uno de estos cuatro apegos. Sus características, el por qué se desarrollan y cómo se desarrollan:

5.3. CARACTERÍSTICAS DE LOS DIFERENTES ESTILOS DE APEGO

5.3.1. APEGO SEGURO

Los niños con apego seguro son aquellos que exploran el mundo de manera tranquila, muestran curiosidad y disfrutan de la exploración.

Cuando se desregulan saben pedir ayuda, saben acogerse a su figura de apego para calmarse y no precisan demasiado tiempo para hacerlo.

Son niños que expresan sus emociones y lo hacen de forma contextualizada, esto es, ante ciertas situaciones manifiestan y expresan emociones coherentes con dichas situaciones (ej. Fallece su abuelito y por ello se sienten muy tristes).

¿Cómo son las figuras de apego de estos niños?

Las figuras de apego de los niños con apego seguro son adultos que entienden, aceptan, normalizan y se hacen cargo de sus propias necesidades. Son adultos con una extraordinaria capacidad, capacidad que los psicólogos llamamos mentalización.

La mentalización hace referencia a la habilidad para percibir e interpretar la conducta tal y como la explican nuestros estados mentales intencionales. Es la capacidad que permite comprender las acciones de uno mismo y de los demás en términos de pensamientos, sentimientos, deseos e intenciones. Gracias a esta habilidad se puede tomar consciencia de los estados mentales propios y ajenos.

Estas figuras son capaces de cubrir las necesidades del niño en su justa medida. Son figuras que a pesar de sus dificultades o de la incomodidad que puedan causarles (por su propia historia) ciertas emociones o el cubrir ciertas necesidades, lo hacen. Son figuras que los niños no perciben agresivas, ni débiles, ni ausentes. Aportan seguridad y confianza.

5.3.2. APEGO EVITATIVO

Lo más habitual de niños y adolescentes con este tipo de apego esque los padres, muy angustiados, me digan: "mi hijo no me cuenta nada", "nunca me he enterado de lo que le pasa" o "no le entiendo, no sé por qué se comporta de ese modo".

Existen diversas posibilidades para ello, y diferentes factores contribuyen a que suceda, pero hay algo que es nuclear a estas revelaciones tan habituales, y esque ese niño o ese adolescente ha aprendido a no hacerlo, o, mejor dicho, ha aprendido a que no es recomendable hacerlo.

En edades tempranas tenemos una extraordinaria capacidad para leer los estados emocionales de los otros, para percibir y procesar el lenguaje no verbal (siempre que hablamos de niños neurotípicos).

Situaciones en las que el niño o adolescente ha percibido o percibe agresividad, excesiva autoridad, rigidez, negligencia, y/o debilidad en sus figuras a cargo, tendrá miedo, mucho miedo, y aprenderá a gestionar ese miedo e inseguridad de diversas formas, formas que dependerán también del temperamento (del que hablamos en el capítulo 4) de cada niño, factores culturales, sociales, etc.

Una de las formas en las que los niños y adolescentes aprenden a defenderse es precisamente la que atañe a este apartado, no expresando y evitando al máximo todo lo que tiene que ver con su mundo emocional. Aprenderán a proteger su mundo emocional como oro en paño, algo que muchas veces los llevará a "ser desconfiados".

Para entender mejor este apartado expondré el ejemplo del caso de un adolescente cuyos patrones comportamentales se repiten (aunque de diferente forma) en muchos de los casos que atiendo.

Este es el caso de un chico de 17 años que tenía un problema de "rendimiento escolar".

Sus padres estaban muy preocupados porque el chico ya había repetido un curso académico y en este, su último curso de la Educación Secundaria Obligatoria, el chico se había convencido de que "también quería repetir".

Algo importante y a tener en cuenta esque este chico no presentaba ningún tipo de dificultad de aprendizaje.

Los argumentos que este joven daba durante la primera sesión sobre el por qué no se "esforzaba", no estudiaba, y no se preocupaba por avanzar en ese sentido era el hecho de que estaba en contra del sistema educativo, argumentaba que la enseñanza no tenía valor, pues en ella no te enseñaban los valores realmente importantes para la vida y qué el estudiar no te haría mejor persona.

Realmente eran argumentos que en cierta medida no se escapaban de la dura realidad a la que a veces nos enfrentamos. No obstante, era fundamental encontrar las causas que sustentaban esas creencias tan arraigadas y tan intensas que al fin y al cabo le llevaban al autosabotaje. En este tipo de casos al igual que en otros, no podemos ir y atajar directamente con "pruebas de realidad" las creencias del adolescente, tenemos primero que ir estableciendo una relación terapéutica basada en la confianza y la seguridad para ir poco a poco adentrándonos en su mundo interno, no con el objetivo de hacer desaparecer dichas creencias, sino con el objetivo de redirigirlas para que dejen de sabotear su vida.

En este caso, cada vez que los adultos intentaban "racionalizar" con él, como es evidente, aparecían respuestas de defensa que hacían crecer más dichas creencias.

Este chico tenía una clara tendencia a vincular y a relacionarse con el entorno desde la evitación y la desconexión emocional, aunque con mucha simpatía, pues tenía buenas habilidades sociales.

Son personas con las que tienes que ir muy despacito, sin tocar demasiado las emociones, para poco a poco ir haciéndolo sin que "su mundo interno se proteja demasiado ante ello".

Al final, lo que realmente ocurría en este caso, esque había aprendido a "ganarse la atención y el cariño" desde ese lado "duro (rígido) y racional", pues era así como las figuras importantes para él, incluyendo maestros y profesores, estaban pendientes de él.

Desde el no estudiar y argumentar su posición en esta dirección había ido aprendiendo (aunque fuera de forma errónea) que sus progenitores y profesores pasaban más tiempo con él y "se preocupaban".

¿Qué habría pasado para ello?

Episodios de bullying durante la infancia de manera retirada por los cuales no hubo demasiada "protección percibida" ante ello. Padres separados y escasa conexión emocional por parte de su padre, padres y familia extensa muy centrados en logros, metas e imagen.

Este chico sentía que sólo era querido e importante para los demás mediante esa imagen de dureza y firmeza en sus decisiones y de alguna forma esa imposición con el mismo era un grito implícito y una revelación ante el mundo, de alguna forma era un "me hare valer por quién soy, no por mis logros".

> ***Nota**: Cabe destacar que con "desprotección percibida" me refiero a qué así fue como se sintió este chico durante su infancia, no fue "exactamente lo que pasó". A veces se intenta proteger, pero no se hace de forma adecuada y efectiva.

A continuación, expongo dos fenómenos muy relacionados con este estilo de apego:

- FENÓMENO DE PARENTIFICACIÓN

Hablamos de parentificación o inversión de roles, cuando se permite o se obliga a un niño a realizar tareas o asumir roles que están muy por encima de sus capacidades físicas o psicológicas. Los resultados de estas acciones sobre los niños son muy traumáticos porque limitan su desarrollo personal.

Podemos distinguir diferentes tipos de parentificación:

· Psicológica: Es cuando el niño se convierte en el confidente o cuidador de uno o de los dos cuidadores. Lo escucha, lo calma, lo consuela e incluso le da consejos.

A veces puede recibir información que no tiene por qué saber porque no es adecuada a su edad o le coloca en una posición de apoyar a un cuidador y/o odiar o criticar al otro. Lo que le crea una paradoja irresoluble (por ejemplo, "quiero a mi mamá y quiero ayudarla, pero también quiero a mi papá, pero siento que debería odiarlo")

· Física: Se genera cuando al niño se le dan tareas o se le permite hacer tareas (no olvidemos que muchos niños que asumen el rol de cuidadores lo hacen de forma voluntaria como forma de no sentirse culpables dando esto a veces lugar a pensar equivocadamente, que el niño lo hace "con gusto") que están muy por encima de sus capacidades físicas y/o psicológicas como trabajos de mucha dificultad o que requieren mucho sacrificio físico, manejar cuentas económicas, hacer tareas lejos de casa, ocuparse del hogar o del cuidado de personas mayores, etc. El problema se agrava si además se le critica por no estar a la altura de lo que se espera de él o ella.

Al contrario de lo que se podría intuir, estos niños desarrollan estrategias de apego evitativo (aunque a veces pueden desarrollar otro estilo de apego inseguro) puesto que no han podido cubrir sus necesidades y no actúan como les gustaría si no que la mayor parte de las veces actúan como creen que "deben hacerlo" o "cómo creen que se espera de ellos".

En dichas situaciones estos niños se acaban convirtiendo en adolescentes y/o adultos (en muchos casos), "muy válidos y resolutivos", si cuentan con buena capacidad intelectual, a nivel de rendimiento. Pueden acabar consiguiendo buenos trabajos y resolviendo las situaciones del día a día de una forma rápida y efectiva. En cambio, pueden mostrar limitaciones a la hora de gestionar las emociones propias y/o ajenas, así como a la hora de desenvolverse adecuadamente ante situaciones de conflicto interpersonal.

Por otro lado, podemos encontrarnos que se convierten en adolescentes y/o adultos que, o bien, tratan de cuidar a toda costa y que siempre están supliendo las necesidades de los demás sin reparar en las propias, puesto que aprendieron a desconectarse de ellas, o bien, nos encontramos a adultos, que tienen dificultades para cuidarse tanto a sí mismos como a otros.

-SÍNDROME DE SOBREADAPTACIÓN

También conocido como el Síndrome de la "niña buena". Es muy similar al fenómeno de la parentificación, pero más centrado en el sexo femenino.

Lo encontramos en chicas adolescentes y en mujeres, las cuales han vivido situaciones que han implicado:

•Compensar o "solucionar" los problemas que hayan podido tener sus hermanos: En muchas ocurre, que algunas de estas niñas, pueden tener hermanos, los cuales hayan tenido algún tipo de dificultad (discapacidad, problemas conductuales, problemas médicos, etc.), y de alguna manera, entienden que tienen que compensar o ayudar con su sacrificio y "buen hacer" a sus padres por ello.

•Evitar confrontaciones: Como un intento de "no disgustar" a los adultos aprenden a no expresar lo que realmente sienten, piensan o necesitan (algo que poco a poco van aprendiendo a base de percibir las reacciones que los adultos a cargo tienen, cuando "se les lleva la contraria").

•Complacer en exceso: Como forma de obtener la validación, el afecto o la atención de sus adultos a cargo, intentan constantemente complacer, intentando "ser perfectos". En chicas adolescentes o mujeres adultas esto lo podemos ver reflejado, por ejemplo, en una preocupación excesiva por el rendimiento o en una sensación constante de no "ser suficiente", por lo que constantemente quieren conseguir y perseguir más.

•No validación si no cumplían las expectativas de otros: Todo lo anterior, acaba llevando a una necesidad constante de cumplir las expectativas ajenas, o aquellas que creen que se puede tener de ellas.

En general, estas circunstancias se unen a niñas, que, por lo general, suelen tener un perfil PAS (Personas con Alta Sensibilidad) y/o un estilo de temperamento dócil).

*Nota: Aclararé que es esto de las Personas con Alta Sensibilidad, ya que en los últimos años muchos padres y docentes me preguntan por ello.

La Alta Sensibilidad no es ningún trastorno, ni enfermedad, ni mucho menos algo que genere problemas o sea negativo. Más bien es una característica que tiene que ver con cómo las personas que lo presentan, procesan la información.

La Alta Sensibilidad es un **RASGO, el cual puede ser heredado o no, y lo presentan por igual hombres y/o mujeres.**

Los últimos estudios sobre el cerebro señalan que el hemisferio derecho, relacionado con las emociones, la creatividad, la orientación espacial, entre otras funciones, funciona de una forma más activa, que en personas que no muestran este perfil. De hecho, las personas con talento para la actuación, la escritura, el dibujo y cuyos trabajan requieren una magnifica orientación especial, como marineros o pilotos de aviación, suelen tener este rasgo.

La explicación neurobiológica de esto esque algunas áreas del área frontal (como las que tienen que ver con la autosupervisión, el análisis del entorno y la capacidad empática), así como la amígdala cerebral (área estrechamente relacionada con la respuesta a estímulos o situaciones de carga emocional) funcionan a un nivel superior que en otras personas.

5.3.3. APEGO ANSIOSO-AMBIVALENTE

El apego ansioso-ambivalente se caracteriza por una constante necesidad de contacto y respuestas de admiración, pertenencia y protección inmediatas. Suelen ser niños que necesitan ser constantemente tenidos "mirados", importantes, atendidos, queridos, etc.

Los niños con este estilo de apego siempre están demandando atención, ya sea de una forma u otra, incluso a veces, a través de "enfadar a sus padres". Suelen ser niños con un temperamento reactivo, y con un ambiente caracterizado por respuestas adultas poco consistentes y en ocasiones incoherentes.

La manifestación más común suele ser el TRASTORNO DE ANSIEDAD POR SEPARACIÓN.

Los padres de estos niños/as suelen acudir desesperados por la "desregulación emocional" que presentan sus hijos y por el gran malestar que presentan con la separación.

A este respecto destacaré que la ansiedad por separación forma parte del desarrollo y el miedo a la separación es considerado un "miedo evolutivo".

Cuando hablamos de miedos evolutivos, hablamos de miedos adaptativos y funcionales. Dependiendo de la edad, se darán diferentes miedos, los cuales son necesarios para la supervivencia, de ahí que se denominen, miedos evolutivos.

Estos miedos cumplirán, por tanto, una función fundamental en la infancia, pues permiten a los niños/as protegerse, e irán cambiando dependiendo de la etapa evolutiva en la que se encuentre el niño/a, y desaparecerán poco a poco a medida que vaya madurando. No obstante, hay determinados miedos, como el miedo a la separación de los padres, a quedarse solos, y a la oscuridad, que se mantendrán durante varias etapas del desarrollo.

No obstante, si estos miedos no van cesando y atenuándose con el tiempo, y por el contrario, comienzan a ser muy intensos y a generar malestar e interferencia significativa en la vida del niño/a, debemos prestar atención, sea como en el caso que referimos aquí, los cuales, son niños que la cuya ansiedad por separación pasa a convertirse en un **trastorno de ansiedad por separación.**

Los síntomas de un trastorno de ansiedad por separación en los niños/as son:

• Preocupación constante y excesiva en relación a la pérdida de alguna figura de apego por enfermedad o alguna otra circunstancia.

• Rechazo a estar solo en la casa sin el padre, la madre u otro ser querido en la casa.

• Resistencia o rechazo a estar fuera de casa sin una figura deapego cerca

• Somatizaciones frecuentes: dolores de cabeza, dolores de estómago u otros síntomas cuando se anticipa la separación

¿Cómo suelen ser las figuras de apego de estos niños?

Los cuidadores de estos niños generalmente se encuentran abrumados por sus propios conflictos y dificultades y esto puede llevarlos a no ser capaces realmente de ver las necesidades del niño o de diferenciarlas de las suyas, es decir, a veces suelen entender que sus necesidades o las que ellos tienen, son indiscutiblemente las que deben tener sus hijos.

A veces sucede que estos cuidadores buscan refugio en sus hijos, les piden ayuda, consejo, y acompañamiento emocional en momentos de debilidad (de forma directa o indirecta), por lo que en muchas ocasiones sus hijos pueden entender que tienen que hacerse cargo.

Un ejemplo en el que esto puede darse es cuando existen problemas de pareja entre los cuidadores y uno o los dos miembros de la pareja buscan refugio, consejo o acompañamiento emocional en su hijo, o cuando los cuidadores tienen algún problema de salud mental y no pueden o no poseen recursos para hacerse cargo de la situación.

Por otro lado, son cuidadores que no suelen tener respuestas congruentes y/o consistentes, es decir, a veces sus respuestas ante determinadas situaciones son congruentes con la emoción, por ejemplo, se enfadan ante un mal comportamiento o una mala respuesta del niño, pero la intensidad y la duración de dicho enfado es excesiva, o por contrario, la respuesta emocional no es congruente en contenido con lo que está sucediendo, por ejemplo, ante la tristeza del niño se enfadan o hacen "una broma" de ello, en un intento de "intentar quitar hierro" ante una emoción que no saben o no pueden manejar.

Ejemplifico esto con otro caso:

Este es el caso de un niño de 6 años que tiene una hermana pequeña, la cual, por desgracia, nace con un sistema inmunológico debilitado que hace que sus padres tengan que estar constantemente en citas médicas y muy volcados en la pequeña bebé.

Es un caso en el que todo iba bien, hasta que estos cuidadores tienen que cambiar su vida, incluido los cuidados del hermano mayor. Además de esto los padres trabajan fuera de casa a turnos y tienen muy poco tiempo. "Sin querer" y debido al conflicto en el que los padres se encuentran, empiezan a dar al hermano mayor respuestas incongruentes e inconsistentes (a veces le muestran mucho cariño y a veces ninguno, a veces lloran y gritan y otras le hablan tranquilos, a veces "es el mayor" y otras "muy pequeño") y esto es lo que sucede una y otra vez, la mayor parte de los días durante mucho tiempo.

Pongo este ejemplo porque la mayor parte de las veces, se dan circunstancias o los cuidadores presentan ciertas limitaciones, que hacen que esto suceda, "sin que muchas veces exista una mala intención".

Por ello, no consiste en culpabilizar, sino en responsabilizar para poder hacer cambios y mejorar.

Este estilo de apego se crea en contextos en los que las mismas personas que tienen que proteger y cuidar al niño, son las que también generan miedo, y a veces, son el mayor foco de terror y angustia para el niño, siendo a la vez las personas más queridas y el "refugio" con las que ese niño cuenta. Esta muy ligado al **trauma de apego y trauma del desarrollo.**

Estos contextos no sólo son aquellos en los que se ejerce **violencia física y/o psicológica**, sino también en contextos de negligencia, que es otra forma de maltrato en el que los cuidadores ejercen una falta de cuidados al no cubrir las necesidades básicas de sus hijos.

Entre los diferentes tipos de **negligencia** esta la **física**, que es cuando no se cubren adecuadamente necesidades nutricionales, sueño, higiene, revisiones médicas y/o tratamientos médicos necesarios y prescritos, etc., la **negligencia emocional**, la cual se da cuando no se atiende personal ni emocionalmente a un hijo, aunque se cubran el resto de necesidades.

También puede darse una tendencia a presentar este estilo de apego, por supuesto, cuando un cuidador ejerce algún tipo de **abuso** hacía su hijo, ya sea, abuso sexual o abuso de poder.

Generalmente son niños, propensos a desarrollar trastornos de la personalidad (en la vida adulta) y/o trastornos graves del estado de ánimo y del comportamiento. De alguna manera son contextos en los que el niño "no sabe dónde agarrarse".

¿Qué podemos observar habitualmente en estos niños?

- Trastorno de la alimentación

- Conductas autolesivas e ideas de muerte

- Trastornos somáticos

- Estrés postraumático

- Estados disociativos

- Trastornos graves del estado de ánimo y del comportamiento)

Nota: La disociación puede definirse como una desconexión que se produce entre elementos que están unidos entre sí. Según el DSM-V (Manual Diagnóstico de los Trastornos Mentales) los trastornos disociativos se caracterizan por una interrupción y/o discontinuidad en la integración normal de la conciencia, la memoria, la identidad propia y la subjetiva, la emoción, la percepción, la identidad corporal, el control motor y el comportamiento.

La disociación en niños puede manifestarse con somatizaciones, problemas para dormir, estallidos emocionales e intensos (miedo, rabia) sin motivo aparente, desconexión emocional o cognitiva (no saben o no pueden explicar que ha pasado o que han vivido), etc

Nota: Algunos de los síntomas y de los cuadros expuestos pueden presentarse a causa de otro tipo de situaciones.

También ha de tenerse en cuenta la predisposición genética del niño.

¿Cómo suelen ser las figuras de apego de estos niños?

Debido a la complejidad de este estilo de apego lo ejemplificaré con un tipo de situación que es habitual y que irremediablemente puede generar este tipo de desorganización a la hora de crear vínculos con el entorno:

Imaginemos una niña cuya madre sufre violencia de género por parte de su padre. El mismo padre que con ella es "cariñoso y protector".

Esta niña, irremediablemente mantendrá constantemente dos sistemas de acción activados. Buscará refugio y protección en su madre (seguramente cuando no haya presencia paterna por miedo) y también en su padre (el cual con ella es cariñoso y protector, que a su vez es el mismo que le genera miedo).

Muchos de estos cuidadores padecen trastornos de personalidad u otro tipo de trastornos psiquiátricos, y han vivido situaciones similares en su infancia.

5.3. EL CÍCULO DE SEGURIDAD PARENTAL COMO FORMA DE APRENDER A DAR UN APEGO SEGURO

El Círculo de Seguridad se inició en 1998 en Estados Unidos.

Es un programa de intervención grupal/individual que reúne material audiovisual, esquemas y diálogo reflexivo.

Uno de los requisitos para participar en el programa y el más fundamental, esque haya una intencionalidad positiva por parte del adulto de mejorar y ayudar a su hijo.

Basándonos en este modelo, ¿cómo podemos ayudar a que los niños desarrollen un apego seguro?

Círculo de Seguridad®
Padres Atendiendo las necesidades del niño

©2020 Cooper, Hoffman, and Powell: Circle of Security International

Para que un niño aprenda a calmarse, necesita a un adulto que le ACOM-PAÑE en esta dura tarea de la gestión emocional, teniendo en cuenta dos aspectos:

- El temperamento

*- Esa **voz llamada "pepito grillo"** : Voz que no podrá comenzar a escucharse con suficiente claridad hasta los 5 o 6 años, ya que la parte de nuestro cerebro responsable de esta función no comienza a estar suficientemente desarrollada hasta esa edad. Así, si un niño está agitado o tiene mucho miedo, como adultos debemos mantener la calma e ir haciendo aquello que queremos que ellos aprendan a hacer ante esas situaciones.*

No se trata que en mitad de una rabieta le ignoremos o le gritemos, sino de ayudarles a ajustar esa emoción, por ejemplo, respirando con él o ella, dándoles algún objeto para que lo aprieten fuerte, llevándolos a dar un paseo, etc., quedándonos a su lado, haciéndolo con él o ella y evitando en la medida de lo posible (en ese momento) darle demasiadas instrucciones verbales. Es fundamental que este proceso suceda una y otra vez, destacando que, si en determinadas circunstancias no puede suceder de ese modo, no tendrá especial relevancia. Consiste en que este mecanismo sea el que se dé habitualmente, ésta claro que nunca se dará el 100% de las veces porque "no somos máquinas", que es algo que siempre intento transmitir a los cuidadores.

Una vez que el niño regula su estado emocional, podemos pasar a hablarle a "su pepito grillo", y esto debe hacerse en primer lugar, validando sus emociones y no adelantándonos a ellas. Por ejemplo, si le vemos triste, podemos observarle e ir poco a poco haciéndole preguntas, facilitándole que él llegue a expresarlo, aunque se le vaya guiando en la respuesta. Una vez que sabemos que les pasa, debemos permitirle que se sienta de ese modo. Esto último es fundamental para que entiendan por qué ante una situación determinada se han sentido de una determinada forma.

El último paso sería darle estrategias para manejar esas situaciones que son susceptibles de despertar en él cierto grado de malestar, transmitiéndole en todo momento que seremos "su refugio a salvo", un refugio al que siempre podrá acudir, lo que no significa en ningún caso que debamos evitarle las frustraciones, ya que los/las niños/as tienen que aprender a caerse, a suspender en el colegio y a tener conflictos con sus iguales, y tenemos que ayudarles a gestionarlos, no evitárselos.

5.4. SITUACIONES HABITUALES CON NIÑOS Y ADOLESCENTES Y COMO GESTIONARLAS DESDE EL APEGO SEGURO

Para entender mejor los pasos que se expondrán a continuación es fundamental destacar que las pautas y las estrategias rápidas y efectivas no existen, ojalá fuera tan sencillo y bastara con ello. Esto no significa que las pautas conductuales, basadas en la puesta en marcha de normas y límites no funcionen, por supuesto que funcionan y son efectivas, siempre y cuando, el contexto emocional sea el adecuado.

¿Y qué es eso de contexto emocional?

Con contexto emocional nos referimos a las necesidades emocionales de las que hemos hablamos anteriormente. Debe existir en los adultos a cargo la capacidad de corregular (calmar) y conectar con ese niño. Se debe sentir querido, tenido en cuenta y aceptado. Si estos pilares no están bien asentados el resto de elementos que se trabajen no tendrán sentido. Sería como echar gasolina un coche que tiene estropeado el motor, el problema no esque no tenga gasolina, sino el motor. Si arreglas el motor, ya estará listo para echarle gasolina y funcionar. Es algo difícil de comprender, y a veces, lo que más abandonos terapéuticos ocasiona. Vivimos en una sociedad del todo o nada y del ahora o nunca, y el ser humano no funciona de ese modo.

Dicho esto, veamos un ejemplo de situaciones en las que habitualmente pueden verse envueltos los padres de niños:

Niño de 4 años que lleva desde los 3 manifestando episodios de estallidos de rabia intensos, hasta el punto de autoagredirse fuertemente y llorar desconsoladamente durante un período de tiempo prolongado. Además, hace unos dos meses ha comenzado a manifestar episodios de enuresis nocturna y problemas a la hora de comer, manteniendo unas actitud rígida y selectiva en cuanto a lo que come y lo que no.

Desde que comenzaron sus episodios de rabia y llanto descontrolados sus padres, con la mejor intención, intentaron informarse de cómo hacer para que cesaran dichos episodios comenzaron a probar tres opciones para intentar paliarlos, siendo una de ellas el apartarse y dejarle sólo hasta que se le pase, y la otra, el decirle que así nunca conseguirá nada, que no puede ponerse de ese modo, y que cuánto más lee dure, menos conseguirá aquella que desea conseguir, en resumen, aplicar técnicas de modificación de conducta basadas en refuerzo negativo (te quitaré algo que quieres y no tendrás mi atención). También intentaron aplicar la técnica de la economía de fichas, basada en la obtención o restricción de una serie de puntos (con niños suelen ser caritas sonrientes o tristes) dependiendo de si no se enfadaba y/o lloraba, o en contraposición, era obediente y estaba contento.

Estas técnicas las utilizaron del mismo modo, para extinguir los episodios de enuresis nocturna y la conducta selectiva que comenzó a manifestar con la comida.

Cuando comenzaron a aplicarlas funcionaron un poquito, parcialmente y durante un tiempo, en especial, para los episodios de rabia y llanto, pero en contraposición, comenzaron a aumentar los episodios de enuresis nocturna, y los de selección alimentaria, lo que sus padres expresaban como "cada vez come menos variado", "nos tiene pendientes de él en todas las comidas"

¿Qué puede estar ocurriendo?

Lo que ha podido ocurrir esuqe había ciertas conductas que el niño aprendió a reprimir durante un tiempo, para "sobrevivir", obtener aquello que deseaba y evitar aquello que no", pero las necesidades no cubiertas que le llevaban a comportarse de ese modo no sólo no siguieron sin cubrirse, sino que además, la restricción de las mismas fue mayor, motivo por el que los episodios de enuresis nocturna aumentaron (como una forma que adquirió su cuerpo para liberar la tensión) y la conducta de selección alimentaria se mantiene pues es la manera de obtener la atención afectiva que precisa obtener de sus padres. Durante ese ratito, "me tienen en cuenta", "yo cuento", "me hacen la comida que yo quiero".

¿Qué necesitan saber estos padres?

Estos padres necesitaban saber que esos comportamientos era la forma en la que su hijo había aprendido a expresar sus necesidades. En la medida en que las necesidades seguían sin cubrirse, se atenuaban unos (las que considera que no le hacen conseguir el objetivo) y otros se expresan las demás con más fuerza (la enuresis y la selección alimentaria).

¿Qué información relevante falta?

Habría que obtener másinformación en relación a:

- **Historia del niño (antecedentes prenatales y perinatales, desarrollo evolutivo, relaciones familiares y sociales, rendimiento escolar)**

- **Cómo están los padres (física y emocionalmente) e historia de éstos.**

- **Situación familiar.**

- **Tiempo qué pasan con su hijo y cómo es el tiempo que pasan con él.**

- **Cómo apoyan su exploración.**

- **Cómo acompañan sus emociones (información que podemos intuir, ya que, expresan que no las acompañan, pues en sus explosiones le dejan sólo o tratan de aplicar técnicas de modificación de conducta en mitad de los episodios)**

- **Cómo le explican al niño lo que le ocurre (que tipo de narrativa le aportan)**

¿Qué pautas necesitarán seguir ante los episodios de rabia y llanto descontrolados?

Cómo exprese en párrafos anteriores, las técnicas de modificación de conducta son efectivas, pero no porsi solas, y no como primera opción. Se debe trabajar todo el tiempo que sea necesario en reparar la relación que existe entre el niño y sus padres y darles a estos las herramientas necesarias para que aprendan a leer las necesidades no cubiertas que puede haber debajo de las conductas. Debemos trabajar para cultivar un contexto emocional adecuado, e ir después incorporando las técnicas que se precisen (aunque en muchos casos, no se hace necesario cuando mejora lo demás).

Por ello, las primeras pautas a seguir para estos episodios y similares son:

1- Cuando sea necesario, se debe comenzar por un "tiempo fuera" * (para ti y para el niño, para los dos) hasta que yo reconozca que soy más grande, más fuerte, más sabio/a y cariñoso/a (conceptos del círculo de seguridad parental) y me recuerde a mí mismo/a que, independientemente de cómo te sientas, tu hijo te necesita. En otras palabras, recordar que en ese momento yo soy el adulto y soy el que tengo los recursos.

2- Muévete, cambia de sitio (busca un sitio estratégico, que funcione cómo clave) y deja que los sentimientos comiencen a cambiar. Hasta que eso ocurre se pueden hacer actividades compartidas como jugar a algún juego de mesa, ver la televisión. cocinar, mirar por la ventana, tumbaros, etc.

3- Cuando el nivel de tensión se haya atenuado, se ayuda al niño a organizar sus sentimientos, que no es más que poner palabras a lo que le ocurre, aportarle una narrativa. Un ejemplo de narrativa para este caso sería decirle al niño:

Éstas muy enfadado ¿verdad? e imagino que ese enfado hace que tengas mucha energía y muchas ganas de gritar, y no sabes qué hacer con todo eso ¿verdad? A mamá y papá también les pasa a veces, y hay formas de poder controlarlo, ¿te lo cuento?

*Nota: Esta narrativa ha de darse con voz firme, tranquila y cariñosa.

4- Una vez aportada la narrativa (organización de los sentimientos), sigue quedándote a su lado hasta que esté lo suficientemente tranquilo (puede llevar tiempo para que se calme).

5- Una vez que esté totalmente calmado le ayudo a que él me cuente con sus palabras lo que le ha ocurrido y por qué.

6- Llegados a este punto le explico las consecuencias que pueden llegar a tener ciertas conductas, a hacerse responsable, a la vez que yo, como adulto, me hago responsable de la mía.

7- Le ayudo a generar estrategias alternativas adecuadas para afrontar el problema en el futuro.

Si os fijáis, estos siete pasos van dirigidos a calmar al niño o el adolescente y a conectar emocionalmente con él, sin dejar a un lado la responsabilidad que tiene por su conducta.

En todo el proceso se están poniendo límites, y al final se hace de una forma expresa.

Dichos pasos parecen sencillos, pero no lo son, y no basta por supuesto, con hacerlo una, dos o tres veces. Esta secuencia debe repetirse muchas veces y a lo largo del tiempo para que se instaure, del mismo modo que lo hizo la conducta disfuncional. La conducta disfuncional es fruto del tiempo y la consistencia o inconsistencia, posición que provoca en el niño o el adolescente incertidumbre.

Veamos dos ejemplos de cómo lo hago en consulta con niños y adolescentes:

Nota: En consulta soy yo la adulta a cargo de esos niños y adolescentes, soy figura de apego.

5.5.¿CUÁL SUELE SER UNO DE LOS MAYORES OBSTÁCULOS CON LOS QUE SE ENCUENTRARÁN LOS PADRES A LA HORA DE MANEJAR SITUACIONES CON SUS HIJOS?

La respuesta breve y concreta a esta pregunta es, "su propio ruido de fondo".

Antes de desarrollar este apartado haré mención a la memoria emocional, aspecto que ayudará a entender el apego adulto.

La memoria emocional implica el aprendizaje, el almacenamiento y **el recuerdo de las emociones y las sensaciones físicas** de una vivencia.

Cuando vivimos una situación nuestro cerebro no sólo se queda con imágenes, sino también, con las emociones y las sensaciones físicas que se producen simultáneamente durante esa situación, de hecho, la intensidad y la relevancia emocional ayuda a que esa información se guarde a largo plazo.

Conocer esto es fundamental, ya que en ocasiones puede que la memoria emocional de un hecho siga existiendo sin que haya recuerdos explícitos de los hechos, ya que el sustrato neurobiológico de la memoria emocional y de la memoria explícita es diferente.

Así, puedo sentir miedo, incluso pánico ante estímulos y situaciones, sin que sepamos por qué, o mejor dicho, sin que recordemos por qué.

La estructura del cerebro principal que se encarga de realizar los procesos de memoria y que facilita el recuerdo es el hipocampo. Esta región forma parte del llamado cerebro emocional o sistema límbico. Por otro lado, la estructura cerebral que se encarga de dar lugar a las respuestas emocionales es la amígdala, situada en la misma zona.

Ambas estructuras (amígdala e hipocampo) se encuentran constantemente conectadas, aunque el hipocampo también puede actuar sin la participación de la amígdala.

De este modo, cuando las personas realizan una actividad neutral (como, por ejemplo, leer un libro), el hipocampo se encarga de construir el recuerdo sin participación de la amígdala. Esta última se activa cuando hay información emocional que guardar, es más, cuando es así, se activa en primer lugar y es la encargada de pasar la información al hipocampo para que la almacene.

Así, cuando una persona recuerda un evento traumático, experimenta de forma inmediata las emociones asociadas con ese suceso.

Los recuerdos pueden provocar respuestas emocionales y de la misma forma, experimentar emociones puede modificar la formación de los recuerdos.

Cuando un suceso nos sobrepasa, las experiencias vividas quedan almacenadas en redes específicas de memorias. En cierto modo es como si estas memorias permanecieran congeladas, aisladas del resto de los recuerdos y experiencias. En un momento dado, son activadas por disparadores que resuenan con esos recuerdos, arrastrándonos a re-experimentar el pasado en el presente sin tener conciencia de ello.

Cuando los cuidadores de niños a cargo han sido expuestos en algunos momentos de su vida a material traumático, la información de esos momentos en lugar de integrarse con el resto de las redes de memoria, permanece almacenada de modo disfuncional. La memoria traumática tiene características diferentes a la memoria no traumática. La memoria traumática es incompleta o incoherente; La diferencia entre la memoria traumática y no traumática es que en la primera existe un revivir el trauma (igual que allí y en aquel momento), es decir, ante estímulos, situaciones o momentos parecidos o que para el cerebro de la persona pueden ser parecidos, comienzan a activarse emociones, sensaciones corporales y comportamientos similares a cuando se vivió dicho acontecimiento traumático. En la segunda, en la no traumática, se recuerda (y puede seguir y de hecho se recordará como "algo negativo y desagradable") pero no se revive, la persona no actuará, ni se sentirá como en aquel entonces. De hecho, en esto último es donde está la clave, es donde podemos identificar que alguien no tiene algo procesado e integrado, en ese revivir.

Esto es algo que siempre explico a cuidadores (ya sea padres, maestros, personas que trabajan en guarderías...).

"Sino asimilamos y procesamos nuestra propia historia, no podremos hacernos cargo de ella, y en muchas ocasiones no actuaremos ni nos sentiremos como deberíamos sentirnos en el aquí y ahora".

5.6. ESTILOS PARENTALES Y SU RELACIÓN CON EL APEGO

Los estilos parentales hacen referencia a los modos en los que los padres ejercen la crianza con sus hijos, lo que, de alguna manera, presenta una relación estrecha con los diferentes tipos de apego (formas de vincular con el otro) que tienen los padres, por ello, cuando hablo de apego siempre hablo de estilos parentales y viceversa.

A continuación, expondré los diferentes estilos parentales que recoge la literatura, qué características presentan, y que tipo de apego suelen mostrar los progenitores que practican uno u otro.

*Nota: Destacar que al igual que ocurre con los diferentes tipos de apego, con los estilos parentales, siempre debemos hablar de tendencias, es decir, a veces, no se aplica de un modo estanco uno u otro, sino que suele haber más tendencia hacía uno o hacía otro.

Estilo permisivo

Este estilo también se puede denominar estilo sobreprotector, y se caracteriza por un alto grado de afecto y comunicación, es decir, son padres muy cercanos, cariñosos, y los cuales tienen muy en cuenta ciertas necesidades de sus niños.

El fallo fundamental de este estilo de crianza esque son padres que ejercen pocos límites (los cuales ya dijimos que eran necesarios para el correcto desarrollo de los niños).

Además de eso, son padres que generan poca autonomía en sus hijos, intentando "salvarles" de cualquier malestar o frustración que puedan sentir. Intentan evitarles que se enfrenten a situaciones o momentos que pueden generarles malestar, por ejemplo, haciendo un trabajo costoso para ellos, evadiendo dificultades de sus hijos y dejándolas a un lado, con la firme creencia de que "quizás por si sola se resolverá", o enfrentándose ellos a conflictos de sus hijos sin hacerles partícipes.

En general, los padres que ejercen este tipo de crianza suelen presentar un tipo de apego ansioso-ambivalente y acaban proyectando sus propios miedos y conflictos fusionándolos con los de sus hijos.

En estos padres se activan sus propios miedos y conflictos "no resueltos" lo que los lleva a intentar evitar el "sufrimiento de sus hijos", que en muchas ocasiones, es el sufrimiento de ellos mismos.

No necesariamente estos padres han tenido que ser criados con este estilo de crianza, puede suceder que hayan sido criados incluso en otro completamente contrario, y que los miedos e inseguridades creados por ello, les lleven a desarrollar estos mecanismos cuando adoptan el rol de padres.

Estilo negligente

En este estilo de crianza, los padres ejercen, por un lado, pocos límites, y por otro, muestran escaso afecto y comunicación, es decir, de alguna manera se muestran pasivos ante sus hijos.
La negligencia puede ser física, emocional, o mixta. Esto es, los padres pueden no cubrir necesidades fisiológicas básicas (alimentación, aseo, revisiones méd cas...), pueden si cubrir estas necesidades, pero ninguna de las demás (emocionales, sociales, de exploración), preocupándose únicamente por lo "indispensable" y por la supervivencia puramente física de su hijo. O podemos encontrar la negligencia misma, la cual la encontramos en situaciones de abandono (niños que acaban centros de acogida).
Lo habitual, en consulta psicológica esuqe encontramos la negligencia de tipo emocional, y esta puede ser más explícita y/o intensa, o bien, más implícita o sutil, aquella que yo llamo "el parece que, pero en realidad no". Estos padres que muestran una negligencia emocional con sus hijos muy sutil pero constante.
Expondré dos ejemplos de esto último para que se entienda con más claridad:
Imaginemos una niña que va muy tiste hacía su padre para contarle que le ha salido muy mal su examen de matemáticas y que se había esforzado mucho para ello, a lo cual su padre le responde, "oye, y el resto de tus

amigos ¿qué notan ha sacado? U otro caso, en el que un niño cuenta a su madre que le han insultado en colegio y su madre le responde "oye y entonces hoy ¿qué tareas te toca hacer?

Cómo veis, son casos muy sutiles de una pura negligencia emocional, que de manera aislada, no marcan un estilo de crianza, pero que en padres que ejercen ésta, lo hacen de manera reiterada.

El tipo de apego que presentan los padres que ejercen este tipo de crianza suele ser un apego desorganizado.
Por lo general, la mayor parte de estos padres si han recibido por algunos de sus cuidadores principales negligencia emocional, o bien situaciones de maltrato, o situaciones de abusos. Remarcando que alrededor de ellos, ha podido haber pocos factores de protección que hayan amortiguado el impacto de dichas situaciones.

> ***Nota:** Hay factores de protección, como el temperamento de la persona, haber tenido otros cuidadores seguros (abuelos, tíos, profesores), buenas amistades, haber recibido tratamiento psicoterapéutico, etc, que pueden cambiar el rumbo de los patrones aprendidos y preestablecidos.

Estilo autoritario

En este estilo de crianza, los padres suelen estar muy centrados (la mayor parte de las veces de forma poco consciente) en logros, metas y objetivos. Les preocupa en exceso la autonomía de sus hijos, el que "sean fuertes", el que adquieran unas ciertas destrezas y competencias y el que alcancen un rendimiento óptimo en lo que hacen, siendo en muchas ocasiones, poco suficiente lo que realizan, acompañándolos una creencia limitante en relación a "siempre se puede hacer más", "siempre se puede trabajar más".

Son padres que ejercen muchos límites y normas, pero que tienen dificultades para mostrar el afecto (aunque lo sientan) y para tener una comunicación efectiva con sus hijos.

A diferencia del estilo negligente, estos padres siempre dan respuesta a sus hijos, pero suelen ser respuestas desprovistas de cariz emocional.

Pondré dos ejemplos, basándome en los anteriores (cambio la respuesta de los ejemplos expuestos en el estilo negligente):

Imaginemos una niña que va muy tiste hacía su padre para contarle que le ha salido muy mal su examen de matemáticas y que se había esforzado mucho para ello, a lo cual su padre le responde, "deberás esforzarte más y trabajar. Lo más importante esuqe saques esto".

U otro caso, en el que un niño cuenta a su madre que le han insultado en colegio y su madre le responde "pues tú ni caso, como si eso no pasará".

Como veis hay una respuesta en ambos casos, y a simple vista parece cargada de "buena intención", y la mayoría de las veces, así es, está cargada "de buena intención". El fallo, esque en ningún momento se valida a estos niños, no se indaga en como están, en cómo se sienten, en qué necesitan, o qué piensan al respecto.

Los padres que ejercen este tipo de apego suelen presentan un tipo de apego evitativo, por lo que, les es muy difícil hacerse cargo de las emociones de sus hijos o de indagar en su mundo interno, porque es la dificultad que presentan con ellos mismos.

Puede suceder, que muchos de estos padres tengan una gran sensibilidad, incluso presentar el perfil PAS del que hablamos en el apartado del Síndrome de Sobreadaptacion, pero les abruman tanto determinadas emociones y/o sensaciones que no pueden gestionarlo.

Por ello, en otros aspectos de la vida como logros, metas u objetivos a alcanzar vuelvan toda esa atención y energía que no pueden volcar en otros aspectos más emocionales.

Estilo democrático

En este estilo de crianza, los padres presentan un alto nivel de afecto y de comunicación, pero también son capaces de poner límites cuando sus hijos los necesitan.

Los padres que hacen uso de este tipo de crianza, suelen tener un tipo de apego seguro.

Son padres que comenten errores y pueden equivocarse con sus hijos, pero utilizan un recurso fundamental en la crianza que se denomina RE-PARACIÓN. Son padres que cuando se equivocan en sus respuestas, o bien, cuando sus hijos perciben que hacen algo equivocado, rectifican, piden perdón, y nunca justifican un comportamiento en ellos que consideran inadecuado.

Son padres que se preocupan por las metas y logros de sus hijos, pero siempre teniendo presente el bienestar físico y emocional, y validándolo, y esto, es algo que también hacen que ellos mismos, y por lo tanto, no sólo lo transmiten con palabras, sino que también lo practican con ellos mismos, por que es lo que sus hijos viven con ellos.

Estas familias acuden a tratamiento, y suelen pedir ayuda profesional de manera muy consciente.

Suelen ser niños, y digo suelen, porque hay muchas circunstancias que pueden complicar los tratamientos (entorno social, enfermedad médica, estado socio-económico, presencia de trastornos del neurodesarrollo), responder de forma rápida y eficaz a los tratamientos.

CAPÍTULO 6

Los diferentes sistemas de acción del ser humano

*"Si tengo miedo puedo buscar refugio, luchar o marcar límites.
El amor me genera dostipos de deseo; deseo de vinculación y
deseo sexual"*

- MaríaRastrojo -

La evolución ha ido creando durante millones de años sistemas biológicos relacionados con la supervivencia y la reproducción. El ser humano tiene diferentes sistemas de acción, cada uno está especializado en algo y están ligados entre sí de alguna u otra forma.

Las necesidades básicas y los sistemas de acción están ligados entre sí, pues de alguna manera, los segundos se activan para poder cubrir los primeros.

A continuación, expongo algunos de los sistemas de acción conocidos y estudiados:

- **Sistema de Apego**: A nivel neurobiológico este sistema se conforma por una colección funcional de vías nerviosas que regulan los músculos estriados de la cara y la cabeza. Este sistema proyecta sensaciones corporales y es un portal para cambiar las sensaciones corporales a lo largo de un continuo que se extiende desde un estado de calma seguro que promueve la confianza y el amor hasta un estado de vulnerabilidad que provocaría reacciones defensivas (Porges, 2018).

El procedimiento de cómo ocurre esto es el siguiente:

- Cuando el individuo se ve amenazado, el niño busca a su figura de apego, la cual es sensible a esta búsqueda y responde.
- Cuando ocurre la amenaza, el individuo es libre de explorar y se aleja de la figura de apego, pero se queda lo suficientemente cerca para volver en caso de que haya otra amenaza. La figura de apego funciona ahora como una base segura.
- Después de la separación el niño con apego seguro buscará cercanía con la figura de apego, pero será capaz de estar tranquilo cuando no lo éste.

Este sistema de respuesta es el primero que se activa en todos los seres humanos desde que nacemos, y es incompatible con el resto de sistemas, menos con uno, sistema sexual.

- **Sistema sexual:** Este sistema de acción permite en los seres humanos, al igual que en los animales, la reproducción de la especie. Pero, además, en los seres humanos
este sistema va muy unido al sistema de apego, ya que, en las relaciones de parejas, por lo general, y en circunstancias óptimas, la pareja será una de las figuras de apego principales, y, además, activará el deseo sexual más allá del deseo reproductivo. En los seres humanos la sexualidad y las relaciones sexuales son consideradas
necesidad básica para el bienestar físico y emocional.

Este sistema, como se mencionó anteriormente, no es incompatible con el resto de sistemas de acción. En ocasiones, pueden activarse el sistema de defensa y/o el sistema de jerarquía social al mismo tiempo que el sexual, aunque por lo general, estos sistemas suelen bloquear el sexual, total o parcialmente.

- **Sistema de acción de defensa:** Cuando una situación es detectada como peligrosa o perjudicial y si el primer sistema no se activa (el apego), lo hará el sistema de defensa del organismo, poniendo en marcha en primer lugar las respuestas defensivas de movilización (lucha/huida) en las que se activa el sistema nervioso simpático. Si esto no funciona, si el sistema detecta que no puede defenderse de esta forma, se pondrán en marcha respuestas de congelamiento y sumisión (Porges, 2003).

Es importante tener en cuenta que estas respuestas no se activan de la misma forma en una persona que en otra, pues de ello también depende la predisposición (temperamento) que una persona tiene.

Por ello, hay niños que tenderán más a activar respuestas de movilización y otros que tenderán más a activar respuestas de congelamiento o sumisión.

Este sistema puede llegar a activarse de forma simultánea en situaciones críticas y/o tremendamente incongruentes.

¿Recordáis el ejemplo de la niña en el apartado APEGO DESORGANIZADO? Claro ejemplo que expone como se pueden activar al mismo tiempo estos dos sistemas.

- Sistema de Jerarquía social: Este sistema está íntimamente relacionado con el vínculo de apego y con el establecimiento de límites y normas. El vínculo de apego es supervivencia, es seguridad, al igual que los límites. Un niño sin límites, será irremediablemente un niño inseguro. Los límites son los que marcan el camino, los que me dicen hacía donde tengo que ir, que es lo que tengo y no tengo que hacer. Ponerlos es proteger, cuidar y aportar seguridad.

De hecho, los límites los tenemos desde el día en que nacemos. Desde el inicio de la vida los adultos a cargo del niño comienzan a poner límites; cuando se da el pecho o el biberón, cuando se ha de ir a dormir, cuando es el momento del baño, etc. Esto le permite al bebé predecir y sentirse seguro. Va a aprendiendo que cada cosa tiene un momento determinado.

¿Os imagináis como sería nuestra vida sin tener una predicción de lo que va a ocurrir? ¿Sin saber que tenemos o que no tenemos que hacer en cada momento?

Sería un desastre, y aunque no lo creáis, sentiríais miedo porque os sentiríais en peligro.

Y el lector se estará preguntando ¿Entonces, porque se hace tan complejo poner límites y normas a los hijos?

Como he comentado en el párrafo anterior el sistema de jerarquía va íntimamente ligado al sistema de apego, y sabemos que este último es el primero que se activa en el ser humano cuando se siente en peligro. Este aporta seguridad y confianza a través de la corregulación y conexión del adulto con sus necesidades y los límites, le van ayudando a predecir el mundo, lo que también le produce confianza y seguridad.

De alguna manera en el sistema interno del niño se va desarrollando un esquema mental que le dice que alguien estará ahí para ayudarle si algo no va bien y para protegerle de ello.

La dificultad, por tanto, no viene en poner los límites y las normas, viene en establecer un vínculo de apego seguro, uno en el que, como se explicó en el capítulo anterior, el adulto pueda regular los estados del niño y conectar con él y con sus necesidades, un adulto que apoye su exploración y que tenga los recursos necesarios para acompañarlo en los momentos de dificultad.

Esto último puede hacerse complicado, ya que cuando un niño se enfada, se frustra, patalea o se desmotiva y no hace lo que esperamos, quizás, "no sale" dar amor y protección. Pero es ahí, cuando quizás más lo necesita, quizás es ahí, cuando más necesita sentirse confortado.

Estas son las verdaderas bases para que como adultos podamos establecer límites y normas.

Si lo pensamos detenidamente, un niño que no acepta límites, no sabe regular sus estados emocionales ni conectar con ellos. No podrá explorar de forma adecuada porque no sabe hasta dónde llegar.

Cuando no hay un apego seguro, el niño no confiará ni se sentirá seguro con los adultos a cargo, con lo cual, los caminos que le marquen, entenderán que tampoco lo serán.

*Nota: En la literatura existen diferentes clasificaciones de los sistemas de acción del ser humano.

CAPÍTULO 7

Y llegó...La temida adolescencia:
De la dependencia a la interdependencia

"Porque ahora soy capaz de anticipar mi futuro y analizar mi pasado. Porque ahora soy capaz de ver más allá de lo que a simple vista puede verse"

- María Rastrojo -

Durante la adolescencia surgen cambios significativos a todos los niveles (físico cognitivo, emocional y social).

La adolescencia se puede describir como un proceso de cambio con implicaciones biológicas, psicológicas y sociales cuya finalidad es alcanzar un nivel suficiente de autonomía personal (capacidad de valerse por uno mismo) y lograr madurez sexual. Es posible que para alcanzar estos hitos sea necesario alcanzar cierto grado de estabilidad en el desarrollo de un sentimiento de identidad ("quién soy", "quién no soy", "hacia dónde quiero dirigirme") tanto en lo personal como en lo social (GUÍA ATRAPA, 2009).

Estos cambios podemos entenderlos desde el punto de vista neurobiológico, es decir, qué pasa en el cerebro para que todos esos cambios ocurran, y desde el punto de vista neurofuncional, es decir, de qué forma esos cambios cerebrales se manifiestan.

Las manifestaciones más relevantes que se dan en la adolescencia son: la búsqueda constante de sensaciones, de cosas nuevas, excitantes y/o arriesgadas, la creación de la personalidad, el debut del pensamiento crítico y el debut de la sexualidad.

A continuación, iremos detallando una a una cada una de estas manifestaciones:

7.1. BÚSQUEDA DE SENSACIONES

Para entender el porqué de esta manifestación, al igual que de las que se expondrán a posteriori, es fundamental entender el mecanismo de actuación cerebral de esta necesidad. Destacando, por otro lado, que esta puede ser un rasgo de personalidad, marcado genéticamente en muchas personas, el cual se intensifica en la adolescencia, con la diferencia de que continua después de ésta.

Para explicar esta manifestación a los padres y maestros siempre les digo que el cerebro adolescente es como "si fuera un coche con mucha gasolina y un gran motor, pero cuyos frenos no funcionan como deberían".

Los culpables de esto desde un punto neurobiológico son una corteza prefrontal en periodo de "reforma" y un gran despliegue de neurotransmisores como la dopamina, la cual lleva a la búsqueda de sensaciones y de placer con un director de orquesta (corteza prefrontal) "ocupado en su reforma".

Vamos a detenernos un poco a que nos referimos con esto de "reforma":

A la largo del desarrollo el cerebro sufre dos grandes reformas; una se produce de los 3 a los 6 años, pues es el momento donde se empiezan a "perder" conexiones neuronales para irnos quedando con aquellas que son útiles.

Dicho esto, el lector se estará preguntando como es eso de "perder conexiones".

Lo explicaré brevemente:

Desde que nacemos, el cerebro se va desarrollando a base de generar conexiones entre neuronas, de hecho, cuando nacemos contamos con mil millones de neuronas que poco a poco se "van perdiendo". Así, lo que hace que un cerebro aumente de tamaño es el aumento de conexiones neuronales, no el aumento en número de neuronas, conexiones que vamos generando a través de la experiencia en el entorno.

A partir de los de 2 años y especialmente a partir de los 3, el cerebro "reforma" esas conexiones para quedarse con las que le resultan útiles y adaptativas para la supervivencia y para la vida.

Dicha reforma se mantiene desde ese momento hasta que llegamos a la adolescencia, aunque desde los 6 años hasta la preadolescencia (11-12 años) se mantiene a un "bajo ritmo".

En la etapa que nos atañe en este capítulo se produce la fundamental y última gran reforma cerebral, la cual se denomina, **fenómeno de PODA NEURAL de la adolescencia.**

Este fenómeno, como su propio nombre indica, genera una gran pérdida de conexiones neuronales, en especial, la reforma se centra mucho en la región prefrontal que mencionamos al principio de este apartado.

Teniendo en cuenta las funciones de esta región (planificación, regulación emocional, inhibición, autosupervisión, autodirección...) tiene sentido que estemos más predispuestos en esta etapa a estar en una constante búsqueda de sensaciones, pues es más fácil dejamos llevar por instintos, o, dicho de otro modo, muy difícil llevar a cabo las funciones propias de esa región.

Y si, además, a esto le unimos que las neuronas encargadas de sintetizar neurotransmisores como la dopamina y la noradrenalina, situadas en el tronco encefálico (región que mencionábamos en el apartado de reflejos primitivos) se encuentran en pleno apogeo, cabe esperar que en la adolescencia nos encontremos en una necesidad constante de buscar sensaciones y experiencias nuevas.

Explico brevemente el papel de los neurotransmisores mencionados:

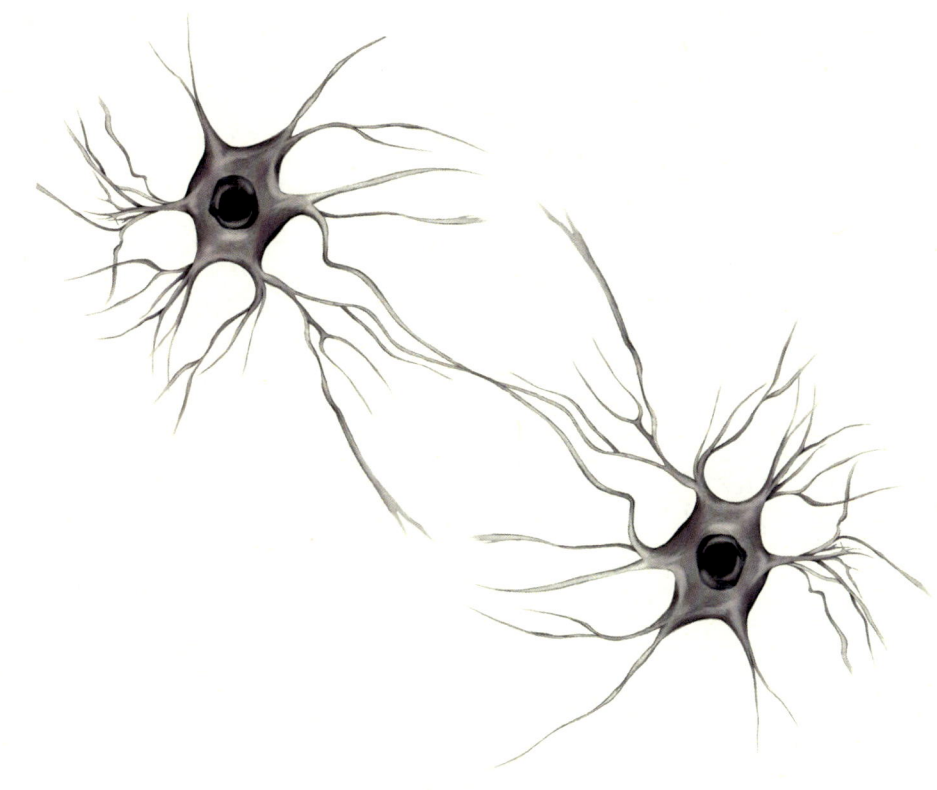

La dopamina es una molécula que actúa tanto de neurotransmisor como de hormona. Es decir, es generada tanto por las neuronas del tronco encefálico como por el sistema endocrino.

La dopamina permite la transmisión de la información vinculada al movimiento, la memoria, el sueño, el estado de ánimo, el aprendizaje, el apetito, la sensación de recompensa, la sensación de calma y relajación, etc.

La paradoja es que niveles demasiado altos de dopamina pueden suponer problemas con la regulación emocional y el estrés, tendencia al aislamiento, problemas de sueño, inquietud, incluso, sintomatología psicótica. De hecho, muchas patologías psiquiátricas como la esquizofrenia, los estados maníacos del trastorno bipolar, etc., radican en problemas con la síntesis de dopamina, en concreto con concentraciones demasiado altas de ésta.

La noradrenalina, al igual que la dopamina, también actúa como neurotransmisor y como hormona (generada por neuronas y por sistema endocrino).

Entre sus funciones está el control del estrés, el deseo sexual, aumentar la velocidad de procesamiento de la información, mantenernos despiertos y activos, etc.

Por el mismo motivo que hay un aumento en la búsqueda de sensaciones, hay un aumento de problemas como la ansiedad o los problemas adictivos.

Hay un ligero aumento de estos neurotransmisores y ello, en adolescentes con determinada predisposición, bien sea por historia de vida, por temperamento, o por ambos (generalmente por ambos) conlleva un aumento de estos problemas.

7.2. DEBUT DEL PENSAMIENTO CRÍTICO

He de reconocer que esta es una de las manifestaciones adolescentes que más me entusiasma y apasiona, y en una en las que más me detengo cuando doy charlas sobre adolescencia y cuando recibo a padres de adolescentes.

El pensamiento crítico se manifiesta de la siguiente forma:

- **Necesidad de poner en tela de juicio el pensamiento adulto**

- **Capacidad de proyectar hacía futuro**

- **Capacidad de repasar el pasado y el presente de manera crítica**

- **Aparición de la ansiedad y otros sentimientos**

Voy a ir exponiendo algo, sobre cada una de estas manifestaciones:

Necesidad de poner en tela de juicio el pensamiento adulto: Esta necesidad del adolescente por opinar y defender sus argumentos, más que intentar ser anulada por los adultos con el objetivo de corregirles, debe ser aprovechada por los padres y los profesionales de la educación para la realización de actividades en las cuales el adolescente pueda crear y expresar sus propias interpretaciones sobre diferentes aspectos, pudiendo en este punto, el adulto, validar, guiar y canalizar dichas opiniones y argumentos.

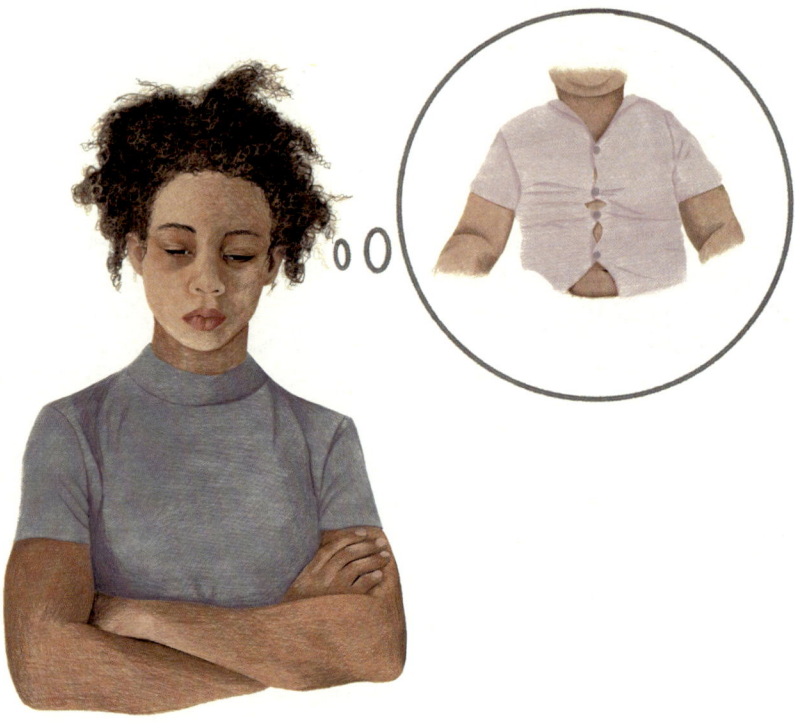

Para remarcar la importancia de dar rienda, guiar, y reforzar el pensamiento crítico, me gusta mucho basarme (como he hecho con otros aspectos a lo largo del libro), en dos experimentos relacionados con la autoridad, la obediencia y la conformidad (que es algo en muchas ocasiones intentamos utilizar con los adolescentes de manera errónea).

Son experimentos que se replicaron y siempre se obtuvieron resultados similares.

Concretamente estos fueron experimentos que me presentaron mientras cursaba la carrera, y aunque lo que en ellos vemos, es algo que "implícitamente sabemos", cuando lo "ves delante de tus ojos" es realmente impactante.

Voy a exponer en primer lugar uno de los dos experimentos de los que voy a hablar: **El experimento de conformidad de Asch (realizado en los años 50).**

Solomon Asch (psicólogo) en el experimento original, escogió un grupo de estudiantes de secundaria como grupo control y a uno de los estudiantes de ese grupo como objeto de estudio. Al grupo de estudiantes que eran grupo control, los instruyó para que dieran la respuesta errónea a una fácil tarea, la cual **consistía en decir cuál era la flecha más larga de dos de las que él presentaba.**

El estudiante objeto de estudio, a pesar de quedar confuso y perplejo por la respuesta que todos sus compañeros daban al decir que la flecha más grande era la más pequeña, finalmente acabo convencido de que él era el equivocado y termino dando la respuesta errónea para adaptarse al grupo.

Este experimento se ha repetido a lo largo de los años con personas diferentes, y mayoritariamente el resultado ha sido similar.

Esto ocurre fácilmente si nos remitimos a lo que sabemos sobre las necesidades básicas del ser humano. En este caso, si nos remitimos a las necesidades afectivas, entre las cuales se encontraban las "necesidad de ser aceptado", de "ser tenido en cuenta" o "valorado", tiene sentido, que, por necesidad de "supervivencia social", y más en la etapa adolescente, esto pueda suceder con mucha facilidad.

En segundo lugar, expondré otro experimento realizado por Milgram (psicólogo) en los años 60, el cual también fue replicado en varias ocasiones y los resultados igualmente acabaron siendo similares.

Este psicólogo comenzó a pedir voluntarios de edades comprendidas entre los 20 y 50 años de diferentes perfiles sociales para realizar su experimento, que consistía en posicionar a los voluntarios ante una máquina, tras la cual, "si apretabanciertos botones, podían proporcionar descargas eléctricas a personas que se encontraban detrás de ese biombo". La tarea consistía en que si esas personas que se encontraban detrás de un biombo "fallaban" en determinabas tareas, los voluntarios que estaban detrás, controlando los botones de la máquina, debían, "por orden, de un señor con bata blanca", el cual creían una "autoridad legítima", dar descargas eléctricas en cada fallo que cometieran las personas detrás del biombo.

Cuando visualizamos el experimento, el cual, por supuesto, era un montaje en el que las personas detrás del biombo no recibían ningún tipo de descarga, observamos que los voluntarios que "debían" presionar los botones, se conmovían ante los gritos que despertaban las supuestas descargas, pero aun así, la mayor parte de ellos lo realizaban (sólo unos pocos no lo hicieron y se opusieron) porque consideraban que es "lo que tenían que hacer", sin supervisar su conducta, ni sus propias pensamientos ni emociones ante ello.

Este tipo de fenómeno, es el que se encuentra detrás de guerras y de muchos desastres cometidos por seres humanos. Pero yéndonos más cerca, mucho más cerca, es el fenómeno que se encuentra en las muchísimas situaciones de acoso escolar que nos encontramos, y esto es sólo un ejemplo.

Cuando expongo este experimento en charlas sobre adolescencia a los padres, al igual que cuando expongo algunos de los anteriores, muchos se quedan boquibiertos, tal y como me quede yo, cuando me lo expusieron con tan sólo 19 años, estudiando mi carrera de psicología.

De alguna forma, intento mostrar con esto, que tenemos que ayudar a los adolescentes a pensar, a razonar, y a que no todo vale, con tal de "cumplir órdenes" o seguir los mandos de autoridades que se creen legítimas.

Esto, por supuesto, no significa que este bien que se oponga a todo, claro que no, todo lo contario, se trata de que aprendan a seguir límites y normas, pero teniendo en cuenta sus creencias y emociones.

Por ello, permitir, que en algunas ocasiones (y siempre que no sea algo que pueda poner en peligro su bienestar) actúen según lo que sienten y piensan, con una guía, y aun anticipando que pueden equivocarse, es necesario, pues, esto les dará cierta percepción de control de sus actos. Permitir que nos argumenten sus opiniones, y sus, "por qué no", es necesario, y el mejor escenario para este entrenamiento es con sus adultos de referencia, padres, profesores, terapeutas (si los tienen), etc.

Cuando ayudamos a nuestros adolescentes a cargo con esto, sin empeñarnos en que obedezcan y cumplan aquello que yo les digo, por el mero hecho "de que yo se lo digo", les estamos a su vez, protegiendo de futuros maltratos o abusos que puedan sufrir, y también, les estamos ayudando a cultivar una autoestima saludable.

Capacidad de proyectar hacía futuro: Esta capacidad permite anticipar las consecuencias que pueden tener, no sólo mis conductas, cuya capacidad puede preceder a la adolescencia (un niño sabe que no si no hace sus tareas escolares, la profesora puede reñirle o suspenderle). En la adolescencia, el pensamiento crítico permite ir más allá, facilitando anticipar las consecuencias que puede tener en un futuro una situación que estoy viviendo o que he vivido, como, por ejemplo, experiencias negativas dentro del núcleo familiar. De ahí, que muchos adolescentes, comiencen a desarrollar determinados síntomas en esta época, o que comiencen, por ejemplo, a sentir muchorencor ante figuras de apego, cuya causa se le asocia a la adolescencia, sin tener esta relación con ello directamente.

Esto último, creo fundamental resaltarlo, pues muchos adultos creen que la relación con sus hijos se enturbia, que sus hijos les miran con rabia, o que sus hijos "no confían en ellos" por el mero hecho de que "han entrado en la adolescencia".

Esto también se encuentra de detrás del por qué, por ejemplo, este es el período más vulnerable en la aparición de los trastornos alimentarios. Problemática que trabajo casi cada día en mi centro.

Y ante esto, expongo un ejemplo, "muy visual", que pongo mucho a los padres y a otros profesionales para explicar dicha manifestación:

Imaginemos a un niño, al cual, durante su infancia, le han hecho constantes comentarios sobre su físico (a veces sin "una mala intención") o el cual, ha vivido situaciones, que tienen que ver con entornos familiares tremendamente preocupados por la "imagen", la cual no tiene por qué ser física sino personal (muy centrados en metas, logros y en el cumplimento de expectativas sobre lo que tiene y debe de ser) o situaciones en las que se ha visto discriminado directa o indirectamente por compañeros o amigos por su imagen corporal.

Durante su infancia, este niño podrá, y, de hecho, sufrirá mucho, pero al no tener un pensamiento crítico desarrollado, será poco probable que llegue a "la conclusión" de que hacer para "cambiar o mejorar eso", algo que, si aparecerá durante la adolescencia, y aquí, es donde empezarán con mayor probabilidad las conductas compensatorias.

Al igual que en el ejemplo anterior, esto no aparece por el hecho de ser adolescente. Hay un conjunto de factores precipitantes (entre los que muchas veces también encontramos factores genéticos) que vienen predisponiendo años atrás, sólo que ahora es cuando ese adolescente analiza las consecuencias y "razona" sobre que es aquello que le podrá llevar "a la imagen deseada".

Capacidad de repasar el pasado y el presente de manera crítica: Esta capacidad resume de alguna manera las manifestaciones explicadas anteriormente. El adolescente, gracias a su pensamiento crítico, tendrá la capacidad, de analizar, sacar conclusiones, y anticipar consecuencias sobre lo que a vivenciado y lo que está vivenciado.

7.3. CREACIÓN DE LA IDENTIDAD Y LA PERSONALIDAD

Según Millon (1998) "la personalidad es un patrón complejo de características psicológicas profundamente enraizadas, en su mayor parte inconscientes y difíciles de cambiar, que se expresan de forma automática en casi todas las áreas del funcionamiento del individuo".

Durante la infancia se van creando nuestros "rasgos de personalidad" los cuales se conforman mediante la interacción entre el temperamento (al cual hemos mencionado en varias ocasiones a lo largo del libro) y el ambiente, y permanecen relativamente estables a lo largo de la vida.

El temperamento ha sido mencionado en varios apartados del libro, pero en este apartado me detendré a hablar un poco más sobre él, y, sobre todo, del porqué del temperamento.

Cada uno de nosotros, como también mencione en otros apartados del libro, tenemos un sistema nervioso que tiende a responder de una determinada maneraante los estímulos y situaciones del entorno, y que viene en parte, determinado genéticamente.

La explicación neurobiológica de todo esto y remitiéndome a lo expuesto en el apartado "búsqueda de sensaciones" de este capítulo, cada uno de nosotros sinterizamos neurotransmisores como la dopamina, la noradrenalina o la serotoninade una forma diferente. Un adolescente tiende a tener concentraciones más altas o bajas de determinados neurotransmisores, y eso les va a predisponer de alguna forma a responder al entorno, de percibir y de sentir de una forma particular.

Esto como también hemos mencionado a lo largo del libro, interacciona con toda mi historia (vínculo con figuras principales y vivencias en el núcleo familiar, cultura, experiencias en la interacción social, presencia de alguna enfermedad congénita o adquirida, experiencia en centros educativos, etc.) y crea mi personalidad.

Para el desarrollo de la identidad tiene una grandísima relevancia el entorno social, lo cual conlleva, a su vez, una "menor importancia" en esta etapa, de los vínculos familiares. Esto es lo que corresponde en esta etapa, y así debe darse.

En muchas ocasiones los adolescentes que acuden a mi consulta me comentan frases del tipo "esque mi importa mucho como me vean mis amigos", "me da miedo que no me acepten", "me da miedo quedarme sin amigos", a lo que, al contrario de lo que a veces escuchan, yo siempre les respondo, "que, por supuesto que es normal todo eso en la etapa que están viviendo", "en todas lo es, pero en esta muchísimo más".

Si esto, ya les genera interferencia significativa en la vida y malestar significativo, es cuando hay que trabajarlo y tratarlo, pero no para eso deje de ser importante, sino para ver qué es lo que ocurre o más bien, que es lo que ha ocurrido antes, para que esos "miedos evolutivos y adaptativos", se conviertan en meramente disfuncionales.

7.4. DEBUT DE LA SEXUALIDAD

La preadolescencia en las mujeres se pone en marcha, en parte, a través de señales somáticas tales como la menarquía y el peso corporal.

La maduración de los genitales requiere unos tres años de media en la mujer, hasta terminar con la producción de ciclos regulares ovulatorios, madurando en este aspecto, antes que los varones.

Me detendré en esto del ciclo menstrual, en todo lo que implica y en por qué tiene un papel fundamental en la regulación del estado de ánimo en la adolescencia:

El ciclo menstrual comienza por la denominada fase folicular, y como su nombre indica, es la fase en la que los folículos (donde se encuentran los ovocitos) comienzan a madurar, terminando dicho proceso con la maduración de uno de ellos, al cual se le denomina folículo de Graff. Este proceso ocurre gracias a la influencia de los estrógenos, hormonas sexuales femeninas por excelencia que son secretados por los ovarios y por otras regiones del cuerpo, Gracias a los estrógenos, además, se va preparando en el endometrio una especie de "camita" por si se tuviera que producir la implantación de un embrión.

Más tarde se produce la ovulación, para esto los estrógenos alcanzan un punto máximo y gracias a una hormona, llamada, hormona luteinizante, el folículo desprende el ovocito que alberga en su interior. Las mujeres en esa fase se encuentren enérgicas, se sientan más atractivas y tienen un aumento del deseo sexual.

Una vez se produce la ovulación, se entra en otra fase, la cual se denomina fase lútea.

Tiene este nombre porque una vez que el folículo se rompe y sale el ovocito crea un cuerpo lúteo el cual secretará progesterona, que hace que esa "camita" que antes había preparado los estrógenos, se mantenga, hasta que, finalmente, sino se produce el embarazo, caen drásticamente los estrógenos y la progesterona, haciendo que se desprenda la "camita" creada para albergar el probable embarazo, y esto, es lo que conocemos como la menstruación.

Una vez explicado brevemente el ciclo menstrual, el cual explico a muchas adolescentes en mi consulta, pues es fundamental que conozcan y puedan detectar el por qué y cómo pueden manejar mejor los cambios que se producen en él, hay otros aspectos importantes que cabe señalar y ocurren alrededor de dicho ciclo.

Durante la fase folicular y la ovulatoria, los niveles de serotonina y dopamina (neurotransmisores de los que hemos hablamos anteriormente) suelen encontrarse en niveles óptimos, algo que no ocurre en la fase lútea del ciclo, la cual dura la mitad del mismo aproximadamente. En esta fase, los niveles de estos neurotransmisores caen considerablemente, además de que la progesterona posee un efecto muy relajante que suele adormecer y restar un poco de energía.

Si anclamos estos cambios en un cerebro adolescente, el cual, como decíamos en párrafos anteriores,se encuentra en propia fase de "reforma" especialmente en el córtex prefrontal, tiene sentido que para una mujer adolescente sea muy complicado y pueda generar labilidad emocional pasar por este ciclo.

Por ello el autocuidado y el acompañamiento de los padres, especialmente durante el primer año desde que da comienzo la menarquía es fundamental, así como la educación respecto a ello.

En los varones, el incremento de las hormonas, especialmente el aumento de la testosterona trae como consecuencia:

- Tumefacción (erección del pene)

- Comienza la preocupación por el físico y la excitación y deseo sexual por el físico de otras personas

- Apreciación del deseo sexual (fantasías y sueños eróticos)

- Necesidad de masturbación y de la búsqueda de relaciones sexuales con otras personas

Otra de las manifestaciones que trae consigo el aumento de la testosterona, es el aumento de la fuerza y de la agresividad (o instinto de lucha).

7.4.1. SEXUALIDAD Y AFECTIVIDAD

Un aspecto básico del debut de la sexualidad en adolescentes, es que deben aprender a asociarlo de alguna manera con el afecto. De hecho, la mayor parte de las veces, cuando los profesionales damos charlas sobre educación sexual a los adolescentes, solemos denominar a estas charlas como "Educación afectivo-sexual".

Cuando analizamos tanto las generaciones anteriores como las actuales, en todas en vemos que no ha habido una visión saludable de la sexualidad, y que está, pocas veces se asocia como algo básico, fundamental para la supervivencia, y la cual debe ir ligada a las emociones.

Los tabúes que han existido siempre en este ámbito, han generado muchos problemas en todas las generaciones, ya sea por la excesiva represión, que existía en los años 60, la cual obligaba a ver la sexualidad como algo sucio y depravado y la cual, en muchos casos, sólo era lícita en un contexto matrimonial y a la mera reproducción de la especie.

Esto generaba grandes problemas de autoestima, falta de conocimiento de las propias necesidades y el propio cuerpo y en muchos casos disfunciones sexuales, sobretodo, en mujeres generaba muchos problemas relaciones con un deseo sexual hipoactivo y con problemas para conseguir el orgasmo.

A partir de los años 90, también marcados por tabúes que llevan irremediablemente a la falta de educación frente a ello, se comenzó a pasar de la represión a la instrumentalización de la sexualidad.

Muchos jóvenes comienzan a utilizar la sexualidad como mecanismo regulatorio, o como forma de cubrir necesidades emocionales no cubiertas, usando a otro, para ello. Este problema puede llegar a la vida adulta, pues el cerebro va creando una fuerte asociación entre acto sexual y regulación emocional, y/o acto sexual y alivio de necesidades emocionales no cubiertas como "ser reconocido", "ser visto", "ser importante", etc., lo que, a su vez, no les hace disfrutar de la misma, pues no hay una sensación de libertad y deseo genuino ante ella, sino cubrir una necesidad que en realidad, no está ciertamente relacionada con la sexualidad.

Muchos adultos comienzan a tener miedo de que sus adolescentes a cargo comiencen a tener relaciones sexuales, centrando ese miedo casi exclusivamente en el hecho de que no se produzca un embarazo no deseado, dejando a un lado, que la educación sexualidad en adolescentes va mucho más allá de la prevención de embarazos no deseados.

Desde un punto de vista médico, la educación sexual debe ir destinado además de la prevención de estos embarazos, a la prevención importantísima de enfermedades de transmisión sexual, ya que muchas de ellas, pueden tener consecuencias muy dramáticas.

No sólo es cuestión de que las chicas adolescentes tomen un método anticonceptivo y ya está, es que tengan información y conocimiento de que eso no es suficiente, e incluso de los efectos secundarios que tienen muchos de estos métodos.

Desde un punto de vista emocional, es importante que sepan y que se les exponga que la sexualidad comienza a desarrollarse desde el nacimiento y que debe ir desde una exploración individual hasta una conjunta, con personas elegidas y que generen seguridad y confianza. Algo que les permitirá disfrutar plenamente de todas etapas de la respuesta sexual (expuestas en el capítulo dos).

Esto les va a proteger frente a la misma y les permitirá tener herramientas, para poder disfrutar de ella de una forma saludable.

7.5. ASPECTOS A TENER EN CUENTA EN LA COMUNICACIÓN CONADOLESCENTES

Este es el apartado con el que me gustaría dar cierre a la parte teórica de este libro, y para ello, voy a intentar transmitiros cual es la mejor manera de comunicarnos con adolescentes, y en general de comunicarnos, ya que algunos de los aspectos de los que voy a hablar aquí se pueden extrapolar a la comunicación en general entre personas.

En cuanto a las pautas de comunicación con adolescentes ha de tenerse en cuenta que:

- La comunicación puede ser verbal y/o no verbal, siendo esta última, la más relevante. Esto lo vemos en situaciones en las que todos pensamos "no es lo que me ha dicho sino como lo ha hecho", pues si, no es una muletilla, es totalmente cierto, ya que, el cerebro la mayor parte de información que procesa, tiene que ver con el contexto, el estado emocional que perciba en el otro, el tono, los gestos, etc.

- Los adolescentes no necesitan ni buscan ser seres independientes, pues los seres humanos, no somos seres independientes (excepto si existe algún tipo de patología), buscamos y necesitamos tener la capacidad de poseer interdependencia, necesitamos llegar a un equilibrio entre autonomía (estar bien y regularse bien sólo) e intimidad (estar bien y regularse bien con el otro).

- Es de especial relevancia distinguir con adolescentes entre autoridad del autoritarismo (de lo cual hablamos en el apartado pensamiento crítico) que implica en los seres humanos "ser obedientes" y para qué sirven los límites y el por qué es fundamental para las personas tenerlos.

- Optar con ellos (y con las personas en general) por un estilo de comunicación asertivo el cual implica una comunicación bidireccional, en la que los padres respetan el punto de vista de su hijo, validando en todo momento sus emociones

y opiniones, aunque poniendo limites ante las mismas cuando sea necesario, lo cual, genera relaciones familiares sanas, y, por tanto, relaciones
sociales sanas.

¡A TRABAJAR EN FAMILIA!

ARTE, MÚSICA Y EMOCIÓN

Los padres pueden hacer esta actividad con sus hijos en casa para ayudarles a expresar sus emociones de una forma espontánea y libre.

Hay dos premisas para realizarla, que son; no juzgar y dar pocas instrucciones. Tan sólo debéis observar y acompañar a vuestros hijos.

¿En qué consiste?

- Proporciónale hijo papel y/o cartulina, pinturas y música
- Anímale para que dibuje las emociones que sientan con la música.

Nota: Ayudará si previamente habéis tratado con ellos las emociones, a través de cuentos e historias, por ejemplo.

¿Cuáles son los pasos para realizar el ejercicio?

1º) Practicamos algún ejercicio de regulación emocional: Para ello podéis practicar con ellos algunos de los ejercicios que podéis practicar es la relajación muscular de Koeppen, respiración diafragmática, mindfulness, etc.

Nota: Estas actividades se pueden encontrar en *emocionatepsicologia.es*

2º) Escachamos la primera canción: Cuando este relajado le ponemos alguna canción y le motivamos para que exprese como le hace sentir esa canción, si se acuerdan de cosas que han vivido o simplemente en qué piensan cuando la escuchan.

3º) Dibujamos la canción: Ahora, se le invita, si quiere, a que se dirija al papel y dibuje todo lo que quiera sobre la canción (emociones, recuerdos, sensaciones...).

4º) Hablamos sobre lo que ha expresado en el dibujo: Se le pregunta por aquello que ha dibujado y por qué.

5º) Repetimos con otra canción

ACTIVIDADES PARA TRABAJAR EL RECONOCIMIENTO DE LAS EMOCIONES EN LOS NIÑOS

Lo primero que debemos tener en cuenta esque las emociones se sienten en el cuerpo. Nuestro cuerpo se prepara para dar una respuesta rápida y breve que garantice nuestra supervivencia.

De hecho, algo que siempre explica a los pacientes esque las emociones son "descargas químicas" que hacen reaccionar a nuestro cuerpo de una determinada forma. Por tanto, lo primero es calmarnos de forma puramente física para poder dar la respuesta más adecuada a una situación concreta.

Así, para ayudar a los niños a reconocer sus emociones debemos contarles que le pasa a nuestro cuerpo cuando siente cada una de ellas, y relacionárselo con las situaciones y/o los estímulos que pueden provocarlas.

A continuación, se exponen los cambios corporales que se generan en nuestro organismo cuando se activan las emociones básicas:

- MIEDO: Tensión muscular, especialmente en las extremidades inferiores (las piernas se preparan para salir huyendo), aumento del ritmo cardíaco y de la tensión arterial, respiración entrecortada. A menudo se siente presión en el pecho y molestias estomacales.

- IRA: Tensión muscular, especialmente en el rostro, en la zona mandibular. La temperatura corporal aumenta y la respiración se acelera.

• TRISTEZA: El cuerpo pierde energía, se muestra hipotónico, se siente una sensación de nudo en la garganta y/o presión en el pecho.

• ALEGRÍA: Sientes mucha energía por todo el cuerpo y ganas de moverte, hablar y sonreír.

• ASCO: Los músculos faciales se tensan (se esfuerzan) para rechazar algo inapropiado.

• SORPRESA: Los ojos y la boca se abren. El cuerpo siente una gran activación. Nuestro cuerpo se prepara para la búsqueda.

Algunas actividades para trabajar el reconocimiento de las emociones en los niños:

• **Representa las emociones**: Le pedimos al niño que haga una representación mediante la mímica del enfado, el miedo, la alegría, la tristeza, el asco y la sorpresa. Después le preguntamos que ha sentido en el cuerpo con cada una de ellas.

• **¿Dónde está?**: Le pedimos al niño que recuerde cosas que le enfaden, que le den miedo, que le pongan contento o triste. Cada vez que recuerde las diferentes situaciones le diremos que cierren los ojos y nos digan donde siente la emoción de ese recuerdo en su cuerpo.

• **Descubriendo mis sensaciones**: Le pedimos al niño que se tumbe y recorremos su cuerpo con una lupa. Le preguntamos si nota algún tipo de malestar o bienestar en alguna parte conforme recorremos la lupa por su cuerpo. Ante las zonas donde siente molestia le damos un masaje suave en esa zona y le decimos que al igual que ha venido se puede ir mediante técnicas de relajación que el puede aprender a hacer (*algunas de ellas las podéis encontrar en el blog de mi página web emocionatepsicologia.es*)

LA CAJITA DE HERRAMIENTAS

Este es un recurso que utilizo en consulta con los niños y las familias en general. Es una forma de ayudar a los niños de darse cuenta de todo lo bueno que son, que tienen y que pueden hacer para solucionar un problema o encontrarse mejor.

Consiste sencillamente en comprar una caja o fabricarla de forma casera, utilizando, por ejemplo, una caja de zapatos, e ir llenándola de papelitos en los que irán escribiendo todas sus «herramientas».

Aquello que son las cualidades que posee el niño y que le ayudan a sobreponerse en los momentos que lo necesita. Aquello que tiene puede ser algo externo o interno, por ejemplo, tengo amigos que me quieren y eso me hace sentir bien o tengo la capacidad de hacer reír y eso me hace sentir bien. Algo que puede suele ir más encaminado a los recursos que se le van enseñando, por ejemplo, puedo respirar hondo, puedo pedir ayuda a mamá, puedo contar lo que me pasa, etc.

Animo siempre a que toda la familia participe en la actividad, e incluso, si les apetece, que todos los miembros hagan su propia caja.

AYUDANDO A DAR FORMA AL PENSAMIENTO CRÍTICO

Cómo explicábamos en el capítulo sobre la adolescencia, el pensamiento crítico se manifiesta de la siguiente forma:

- Necesidad de poner en tela de juicio el pensamiento adulto
- Capacidad de proyectar hacía futuro
- Capacidad de repasar el pasado y el presente de manera crítica

También expuse que era necesario y un buen entrenamiento para ellos el permitirles desplegarlo, con una guía adulta, que, sin coartarles en exceso, vaya sutilmente poniendo ciertos límites en el camino, para que los desvíos no sean lo suficientemente grandes como para que puedan ponerse en riesgo.

Para ello, existen diversas metodologías que se pueden usar, pero una de las que más me suelen gustar, y la cual, uso mucho con ellos en consulta, es el uso del diálogo socrático.

El diálogo socrático es un recurso que los terapeutas usamos mucho con los pacientes en consulta, pero especialmente con adolescentes es muy útil.

Consiste en ir guiando a la persona a ir extrayendo por sí misma las conclusiones en relación a un aspecto o circunstancia, sin ser nosotros los que damos las respuestas, sino permitiendo mediante preguntas "estratégicas" que sean ellas las que lleguen a conclu siones, en este caso, que sean adaptativas o funcionales.

También se puede usar este recurso como forma de que puedan llegar a concluir el por qué de una conducta determinada, en especial, cuando esa conducta es negativa o desadaptativa.

Dicho recurso es muy útil con adolescentes, pues, aún sus creencias no se encuentran arraigadas con tanta fuerza y firmeza como sí ocurre en adultos.

Pondré ejemplos de diálogo socrático de diálogo socrático:

Este es un ejemplo real.

Sería el caso de un adolescente el cual tiende a buscar relaciones de amistad poco salu dables.

- ¿Qué sería para ti la amistad?

- Cuando un amigo te trata bien y te avisa para salir

- ¿Y que sería para ti tratar bien?

- Pues no sé...que te hablen bien, ¿que estén ahí contigo?

- ¿Y cómo sería eso de hablar bien o eso de estar ahí contigo? Explícame

Y así, hasta que en este caso el propio adolescente pueda llegar a una conclusión razo nable sobre el por qué busca relaciones tóxicas de amistad y que aprenda a identificar aquello que sí es saludable en una relación de amistad.

Expongo otro ejemplo real de un adolescente que se encuentra en una constante lucha interna en torno al conformismo.

- Parece que no te gusta nada eso de tener que conformarte

- Explícame. ¿Qué significa para ti que alguien se conforme?

- Pues que agache la cabeza y haga todo lo que le dicen sin rechistar - Anda... ¿Y cómo es eso de agachar la cabeza?

- Pues que le pueden tomar de "tontito"

- ¿Y cómo se le puede llegar a alguien llegar a ver como un tontito?

Y del mismo modo, seguimos hasta que de alguna forma se llegue al fondo de la pro funda creencia que sustenta toda esa lucha interna.

¿DE CUÁNTAS FORMAS PODEMOS QUERER?

Esta es una actividad que nos ayudará a varias cosas, tanto con niños, como con adolescentes.

A una de las cosas que puede ayudar, es a la prevención del abuso sexual infantil, así como a la prevención de la violencia de género en parejas adolescentes.

Para la creación de esta actividad, me he basado en un juego que utilizo con niños de los cuales existe alguna sospecha de que hayan podido sufrir abuso sexual infantil y/o que lo hayan sufrido. Es juego que sirve tanto para la prevención como para el diagnóstico y el tratamiento del abuso sexual infantil, y se llama COLETAS Y VERDI de las psicólogas Laura Rodríguez Navarro y M.ª Ángeles De La Cruz Fortún.

Es una actividad que puede servir para trabajar aspectos como:

- Identificación de muestras de amor saludables, lo cual puede prevenir del abuso sexual infantil y en adolescentes puede ayudar a prevenir el establecimiento de relaciones de pareja basadas en el control, la instrumentalización y la violencia.
- Decir que no y poner límites.
- Pedir ayuda cuando sea necesario.

El juego mencionado utiliza para trabajar la identificación de contactos físicos adecuados entre niños y adultos, la identificación de las diferentes expresiones de amor y la diferencia entre el respeto a la intimidad y a la libertad:

- Tarjetas denominadas secretos, en las cuales se van describiendo al niño diferentes situaciones en las que un adulto pide a un niño que no puede contar algo. Ante estas situaciones se pregunta al niño si efectivamente eso debe contarse o no.

Por ejemplo, si un adulto esta preparando una fiesta sorpresa a alguien y le pide al niño que no lo cuente, el niño debería o no contarlo o bien, si un adulto pide a un niño que vaya con él a casa una tarde y que no lo cuente a nadie, debería o no debería contarlo.

Desde los hogares esto se puede trabajar con los niños, con los ejemplos propios y siempre explicándoles el por qué si o no se debe contar, algo que les ayudará en otros aspectos de la interacción social con los demás.

- Tarjetas con imágenes en las que se expresan diferentes muestras de amor, con las que más allá de la distinción entre el amor romántico y el fraternal, se puede razonar sobre que es lo saludable o no en los deferentes tipos de amor, algo que estaría más destinado a la población adolescente.

- Tarjetas de pensamientos relacionados con el yo: Son tarjetas destinadas entre otras cosas, a trabajar con la autoestima del menor. Expresan mensajes del tipo: Soy valioso, soy inútil, soy un desastre, soy importante, etc. Según se identifiquen o no con ellas, te van orientando hacía la autoestima del niño.

Desde el hogar se puede intentar ayudar a los hijos a ir modificando mensajes limitantes hacía ellos mismos, por ejemplo, con el método del diálogo socrático, el cual se expuso en la actividad anterior.

Además de eso, el reforzar sus logros y su valía personal con mensajes en positivo hacía ellos, que pueden reforzarse con ejercicios como el mural de los logros o una carta hacía mi mismo, pueden ayudar mucho.

Nota: Estas actividades se pueden encontrar en emocionatepsicologia.es

Me gustaría terminar con una frase, de mi propia co-
secha, que recopila lo necesario para tener un vínculo seguro y saludable:

Cuando te sientes seguro, conectas, cuando conectas miras, cuando miras se relaja
el corazón.

©María Rastrojo Gómez(de la obra)
©Bravo Ediciones (de esta edición)
Primera edición en Bravo Ediciones: Mayo 2024
Diseño de cubierta: Ilustrado por Ana Fernández Pero
Maquetación: María Rastrojo Gómez y Alejandro Bermejo Cercas

Coordinación editorial: Isidoro Cidre González
info@apuleyoediciones.com
www.apuleyoediciones.com
ISBN: 978-84-1060-258-8
Depósito legal: H 258-2024

Hecho e impreso en España.